DE LA LITTÉRATURE DES NÈGRES,

OU

Recherches sur leurs facultés intellectuelles, leurs qualités morales et leur littérature; suivies de Notices sur la vie et les ouvrages des Nègres qui se sont distingués dans les Sciences, les Lettres et les Arts;

Par H. GRÉGOIRE,

Ancien évêque de Blois, membre du Sénat conservateur, de l'Institut national, de la Société royale des Sciences de Gottingue, etc., etc., etc.

Whatever their tints may be, their souls are still the same.
Mrs ROBINSON.

A PARIS,

CHEZ MARADAN, LIBRAIRE,

RUE DES GRANDS-AUGUSTINS, N°. 9.

M. DCCC. VIII.

DÉDICACE.

A tous les hommes courageux qui ont plaidé la cause des malheureux Noirs et Sang-mêlés, soit par leurs ouvrages, soit par leurs discours dans les assemblées politiques, dans les sociétés établies pour l'abolition de la traite, le soulagement et la liberté des esclaves.

FRANÇAIS.

Adanson (1). — Antoine Benezet, Bernardin-Saint-Pierre, Biauzat, Boissy-d'Anglas, Brissot.—Carra, le P. Cibot jésuite, Clavière, Clermont-Tonnerre, Le Cointe-Marsillac, Con-

---

(1) Eu égard à la multitude de noms propres cités dans cet ouvrage, on a supprimé partout la qualification de *M^r*, dont la répétition eût été fastidieuse.

dorcet, Cournand.—Demanet, Desessarts, Ducis, Dufay, Dupont de Nemours, Dyannière.—D'Estaing.—La Fayette, Fauchet, Febvé, Ferrand de Baudières, Frossard. — Garat, Garran de Coulon, Gatereau, Le Genty, Girey-Dupré, Mad. Olympe de Gouges, Gramagnac, Grelet de Beauregard.—Hiriart.—Jacquemin ancien évêque de Cayenne, Saint-John-Crevecœur, de Joly. —Kersaint.—Ladebat, Lanjuinais, Lanthenas, Lescalier.—Théophile Mandar, L. P. Mercier, Mirabeau, Montesquieu.—Necker.—Pelletan, Pétion, Nicolas Petit-Pied docteur de Sorbonne, Poivre, Pruneau-de-Pomme-Gouge, Polverel. —Le général Ricard, Raynal, Robin, la Rochefoucault, Rochon, Rœderer, Roucher.—Saint-Lambert, Sibire, Sieyes, Sonthonax, la Société de Sorbonne.—Target, Tracy, Turgot.—Viefville-Desessarts, Volney.

A N G L A I S.

Will. Agutter, Anderson, Will. Ashburnam. —David Barclay, Richard Baxter, Mad. Barbauld, Barrow, Beatson, Beattie, Beaufoy, Mad. Behn, John Bicknell, John Bidlake, Wil. Lisle Bowles, Sam. Bradburn, Bradshaw, Brougham, Th. Burgess, Burling, Buttler.—Clément Caines, Campbell, T. Clarkson, John-Henri Colls, Th. Cooper, Cornwallis évêque de Lichtfield, Cowry, Crawford, Curran.—Danett, Th. Day, Darwin, Wil. Steel Dickson, Wil. Dimond *junior*, Dore, John Dyer. — Charles Ellis. — Alexandre Falconbridge, Mlle. Falconbridge, Robert Townsend Farqhar, James Foster, Fothergill, George Fox, Charles Fox. — Gardenston, Thomas Gisborne, James Grainger, Granville-Sharp, G. Gregory. — Hans-Sloane, Jonas Hanway, Hargrave, Rob. Hawker, Hayter évêque de Norwich, Hector Saint-John, Rowland Hill, Holder, lord Holland, Melville Horne, Hornemann, Horne-Tooke, Horsley évêque de Rochester; Griffitt Hughes, Francis Hutcheson.— James Jamieson, Thomas Jeffery, Edward Jerningham, Samuel Johnson. — Benjamin Lay, Ledyard, Lettsom, Lucas, Luffman.—Macneil, Maddisson, Makintosch, Richard Mant, Hughes Mason, Millar, Mlle Hannah More, Morgan-Godwin. — John Newton, Robert-Boucher Nicholls doyen de Middleham, Rich. Nisbet.— Mad. Opie, Osborne.—Paley, Robert Percival, Thom. Percival, Pickard, John Philmore, Pinckard, William Pitt, Beilby Porteus évêque de

Londres, Pratt, Price, Priestley, C. Peters. — James Ramsay, Rickman, Robertson ministre à Nevis, Robert Robinson, Mad. Marie Robinson, Reid, Rogers, Roscoë, Ryan. — Sewal, Shenstone, Shéridan, Smeathman, William Smith, Snelgrave, Robert Southey, James Field Stanfield, Stanhope, Sterne, Percival Stockdale, Mlle Stockdale, Stone recteur de Coldnorton. — Thelwal, Thompson, Thorneton. — John Waker, George Wallis, Warburthon évêque de Glocester, John Warren évêque de Bangor, John Wesley, Whitaker, J. White, Whitchurch, George Whithfield, Willberforce, Mlle Hélène-Marie Williams, John Woolman. — Mlle Yearsley, Arthur Young, les auteurs anonymes de *Indian eglogues*, de *The Crisis of the Sugar colonies*, de *The Sorrows of slavery*, etc., etc.

AMÉRICAINS.

Joël Barlow. — James Dana, Dwight. — Fernando Fairfax, Francklin. — Humphrey. — Imlay. — Jefferson. — Livingston. — Alexander Mac-Leod, Madison, Magaw, Warner Miflin, Mitchill. — Pearce, Pemberton, William Pinkeney.

DÉDICACE.

—Benjamin Rush.—John Vaughan, D. B. Warden, Elhanan Winchester, Vining.

Nègres et sang-mêlés.

Amo. — Cugoano. — Othello. — Milscent, sous le nom de Michel Mina. — Julien Raymond. — Ignace Sancho. — Gustave Vassa. — Phillis Wheatley.

Allemands.

Blumenbach.—Auguste La Fontaine.—Mad. Julie duchesse de Giovane.—Kotzbue.—Less. —Oldendorp.—Pezzl, Ch. Sprengel.—Usteri.

Danois.

Bernstorf. — Isert. — Kirsten. — Niebuhr. — Olivarius.—Rahbek.—Th. Thaarup.—West.

Suédois.

Afzelius. — Euphrasen. — Auguste Nordenskiold, Ulric Nordenskiold.—And. Sparrman.— Trotter-Lind.—Wadstrom.

HOLLANDAIS.

Mad. Beaker.—Van Geuns.—Hogendorp.—Peter Paulus. — Mad. Wolf, de Vos, Peter Wrede.

ITALIENS.

Le cardinal Cibo, le collége des Cardinaux. —L'abbé Pierre Tamburini.—Zacchiroli.

ESPAGNOL.

Avendaño.

Qu'on ne s'étonne pas de ce que (Avendaño excepté) on ne trouve ici aucun auteur espagnol ni portugais; nul autre, à ma connoissance, ne s'est mis en frais de prouver que le Nègre appartient à la grande famille du genre humain, que partant il doit en remplir tous les devoirs, en exercer tous les droits : par delà les Pyrennées, ces droits et ces devoirs ne furent jamais problématiques; et contre qui se défendre, s'il n'y a pas d'agresseur? De nos jours seulement, par des applications forcées, un Portugais, dénaturant l'Ecriture sainte, a tenté de justifier l'esclavage colonial, si dissemblable à celui qui, chez les Hébreux, n'étoit guère qu'une sorte de domesticité; mais la brochure d'Azérédo (1) est passée de la boutique du libraire dans le fleuve de l'oubli. Tel est aussi le sort qu'ont eu les pamphlets de Harris, et du trinitaire Grabowski, qui invoquoient la Bible; celui-là en Angleterre, pour légitimer l'esclavage colonial; celui-ci en Pologne, pour river les fers des paysans de cette contrée, tandis que Joseph Paulikowski (2), et l'abbé Michel

---

(1) *V*. Analyse sur la justice du commerce, du rachat des esclaves de la côte d'Afrique, par *J. J. d'Acunha de Azérédo Coutinho*, in-8°, Londres.

(2) *V*. O Poddanych polskich, c'est-à-dire, des

Karpowitz, dans ses sermons (1), proclamoient et revendiquoient pour tous l'égalité des droits. Les amis de l'esclavage sont nécessairement les ennemis de l'humanité.

En général, dans les établissemens espagnols et portugais, on envisage les Nègres comme des frères d'une teinte différente. La religion chrétienne qui épure la joie, qui essuie les larmes, et dont la main est toujours prête à répandre des bienfaits, la religion se place entre les esclaves et les maîtres, pour adoucir la rigueur de l'autorité et le joug de l'obéissance. Ainsi, chez deux puis-

---

paysans polonais, par *Joseph Paulikowski*, in-8°, Roku 1788.

(1) *V.* Kazania X. *Michala Karpowicza*, W. Róźnych okolicznosciach Miané, c'est-à-dire, Sermons de l'abbé *Karpowicz*, 3 vol. in-12, W. Krakovie 1806. *V.* surtout les second et troisième volumes.

sances coloniales, on n'a pas composé de plaidoyers inutiles en faveur des Nègres, par la même raison qu'avant l'Anglais Hartlib, on n'écrivoit pas sur l'agriculture de la Belgique, où la supériorité des méthodes et des procédés agronomiques suppléoit aux livres.

Si l'on censuroit dans cette liste l'insertion de certains noms que la vertu n'inscrit pas dans ses fastes, on répondroit que, sans vouloir atténuer les torts des individus, on ne les présente ici que sous le point de vue relatif à leurs efforts pour l'amélioration du sort des Noirs; et sur cet article même, on est loin de leur attribuer un égal degré de mérite et de talent. Il est affligeant qu'on ne puisse appliquer à tous une maxime du poëte Churchil, en disant qu'ils ont le cœur aussi pur que leur cause est légitime. Chacun reste maître d'exercer sa justice, en repoussant ces écrivains dans la classe malheureusement si nombreuse de gens de lettres qui ne valent pas leurs livres.

La liste qu'on vient de lire est sans doute très-incomplète; elle réclame des noms honorables, que j'ai oubliés, ou que je n'ai pas l'avantage de connoître, soit que dans leurs écrits les auteurs ayent gardé l'anonyme, soit que leurs écrits ayent échappé à mes recherches. Je recevrai avec reconnoissance tous les renseignemens qui peuvent réparer ces omissions involontaires, rectifier les erreurs, et compléter l'ouvrage. Parmi ces écrivains un grand nombre sont morts; je dépose sur leurs tombes mes hommages, et j'offre le même tribut à ceux qui vivant encore, et qui n'ayant pas, comme Oxholm, apostasié leurs principes, poursuivent sans relâche leur noble entreprise, chacun dans la sphère où l'a placé la providence.

Philantropes! personne n'est juste et bon impunément; entre le vice et la vertu la guerre commencée à la naissance des temps, ne finira qu'avec eux. Dévorés du besoin de nuire, les pervers sont toujours armés contre quiconque ose révéler leurs forfaits, et les empêcher de tourmenter l'espèce humaine. A leurs coupables tentatives opposons un mur d'airain, mais vengeons-nous d'eux par des bienfaits. Hâtons-nous; la vie est si longue pour faire le mal, si courte pour faire le bien! Cette terre se dérobe sous nos pas, et nous allons quitter la scène du monde; la dépravation contemporaine charie vers la postérité tous les élémens du crime et de l'esclavage. Cependant, parmi ceux qui s'agiteront ici-bas, lorsque nous dormirons dans le tombeau, quelques hommes de bien, échappés à la contagion, seront en quelque sorte les représentans de la providence : léguons-leur la tâche honorable de défendre la liberté et le malheur. Du sein de l'éternité, nous applaudirons à leurs efforts, et sans doute il les bénira ce Père commun, qui dans les hommes, quelle que soit leur couleur, reconnoît son ouvrage, et les aime comme ses enfans.

DE LA LITTÉRATURE DES NÈGRES.

CHAPITRE PREMIER.

Ce qu'on entend par le mot Nègres. *Sous cette dénomination doit-on comprendre tous les* Noirs? *Disparité d'opinion sur leur origine. Unité du type primitif de la race humaine.*

Sous le nom d'Ethiopiens, les Grecs comprenoient tous les hommes noirs. Cette assertion s'appuie sur des passages de la bible des Septante, d'Hérodote, Théophraste, Pausanias, Athénée, Héliodore, Eusèbe, Flavius Josephe (1). Ils sont appelés de même par

(1) V. Jérémie, 13, 23. Flavius Josephe, An-

Pline l'ancien et Térence (1). On distinguoit les Ethiopiens orientaux, ou indiens, ou d'Asie, des Ethiopiens occidentaux, ou d'Afrique. Rome connut ceux-ci sans doute dans ses guerres avec les Carthaginois, qui en avoient dans leurs armées, à ce que prétend Macpherson, fondé sur un passage de Frontin (2). Rome ayant plus que la Grèce des relations fréquentes avec les côtes occidentales de l'Afrique, quelquefois, dans les auteurs latins, les Noirs furent appelés *Africains* (3). Mais en Orient, on continua de les désigner sous le nom d'*Ethiopiens*, parce qu'ils y arrivoient par la voie de l'Ethiopie, qui depuis l'an 651 paya, pendant assez long-temps aux Arabes, un tribut annuel d'es-

---

tiquités judaïques, l. VIII, c. VII. *Théophraste*, 22ᵉ caractère. *Hérodote*, dans Thalie et Polymnie, etc.

(1) *Pline*, l. V, c. IX. *Térence*, Eunuchus, act. 1, scèn. 1.

(2) *V. Annals of commerce*, etc., by *Macpherson*, in-4º London 1805, t. I, p. 51 et 52. *Frontin, Stratagemata*, l. 1, c. 11.

(3) .... *Subito flens Africa nigras procubuit lacerata genas....* dit *Sidoine Apollinaire*, dans le Panégyrique de *Majorien*.

claves, et qui, pour acquitter ce tribut, en tiroit peut-être de l'intérieur de l'Afrique (1). On les employoit à la guerre, car dans celle des croisades, on voit à Hébron, et au siége de Jérusalem, en 1099, des Noirs à cheveux crépus, que Guillaume de Malmesbury appelle également Ethiopiens (2).

Chez les modernes, quoique le nom d'Ethiopie soit exclusivement réservé à une région de l'Afrique, beaucoup d'écrivains, espagnols et portugais surtout, ont appelé *Ethiopiens* tous les Noirs. Il n'y a pas encore trente ans que le docteur Ehrlen imprimoit, à Strasbourg, un traité *de servis Æthiopibus Europeorum in coloniis Americæ* (3). La dénomination d'Africains prévaut actuellement, et l'emploi de ces deux mots est également abusif, puisque d'une part l'Ethiopie, dont les habitans ne sont pas du noir le plus foncé (4), n'est qu'une partie d'Afrique, et

---

(1) V. *Gibbon's*, History, etc., reviewed by the rev. J. *Whitaker*, in-8°, London 1791, p. 182 et suiv.
(2) *Guillelm. Malmesb.*, fol. 84.
(3) In-4°, *Argentorati* 1778.
(4) V. Voyage d'Ethiopie, par *Poncet*, p. 99, etc.

que de l'autre il y a des Noirs asiatiques. Hérodote les nomme Ethiopiens à cheveux longs, pour les distinguer de ceux d'Afrique, qui ont les cheveux crépus; car autrefois on croyoit que ceux-ci n'appartenoient qu'à l'Afrique, et que les Noirs à cheveux longs ne se trouvoient que dans le continent asiatique. Quelques réglemens avoient défendu d'en importer dans les îles de France et de la Réunion; mais les relations des voyageurs nous ont appris que dans le continent africain, ainsi qu'à Madagascar, il y a aussi des Nègres à cheveux longs : tels sont, au centre de l'Afrique, les habitans de Bornou (1); tels étoient les Nègres pasteurs de l'île de Cerné, où les Carthaginois avoient des comptoirs (2). D'un autre côté les indigènes des îles des Andamans, dans le golfe du Bengale, sont des Noirs à cheveux crépus; dans diverses parties de l'Inde, les monta-

---

et l'Histoire du Christianisme d'Ethiopie, par *La Croze*, p. 77, etc.

(1) *V.* Idées sur les relations politiques et commerciales des anciens peuples de l'Afrique, etc., par *Heeren*, in-8°, Paris an 8, t. II, p. 10, 75.

(2) *Ibid.*, t. I, p. 134, 156, 160.

gnards en ont presque la couleur, la figure et la chevelure. Ce fait est consigné dans un savant mémoire de Francis Wilford, associé de l'Institut national (1). Il ajoute que les plus anciennes statues des divinités indiennes ont la figure des Nègres. Ces considérations fortifient le système, qu'autrefois cette race a couvert une grande partie du continent asiatique.

La couleur noire étant le caractère le plus marqué qui sépare des Blancs une partie de l'espèce humaine, communément on a été moins attentif aux différences de conformation qui entre les Noirs eux-mêmes établissent des variétés. C'est à quoi fait allusion Camper, lorsqu'il dit que Rubens, Sébastien Ricci et Vander-Tempel, en peignant les Mages, ont peint des *Noirs*, et non des *Nègres*. Ainsi, avec d'autres auteurs, Camper restreint cette dernière dénomination à ceux qui se font remarquer par des joues proéminentes, de grosses lèvres, un nez épaté, et la chevelure moutonnée. Mais cette distinction entre eux, et ceux qui ont la chevelure

_____

(1) *V*. Asiatic researches, t. III, p. 355, etc.

lisse et longue, ne constitue pas une diversité de races. Le caractère spécifique des peuples est permanent, tant qu'ils vivent isolés; il s'affoiblit ou disparoît par le mélange. Reconnoît-on la peinture que fait César des Gaulois, dans les habitans actuels de la France ? Depuis que les peuples de notre continent sont, pour ainsi dire, transvasés les uns dans les autres, les caractères nationaux sont presque méconnoissables au physique et au moral. On est moins Français, moins Espagnol, moins Allemand; on est plus Européen, et ces Européens, ont les uns la chevelure frisée, les autres lisse; mais si, à cause de cette différence et de quelques autres dans la stature et la conformation, on prétendoit assigner l'étendue et les limites de leurs facultés intellectuelles, n'auroit-on pas le droit d'en rire? Dira-t-on que la comparaison péche en ce que les chevelures européennes qui sont crépues ne sont pas laineuses? Au lieu de se prévaloir des exceptions à cette règle, on se borne à demander si cette discrépance suffit pour nier l'identité d'espèce. Il en est de même dans la variété noire; entre les individus placés aux extrémités de la ligne terminée d'un côté par la variété blanche, et de l'autre par la noire, il existe des différences remarquables qui s'atténuent et se confondent dans les intermédiaires.

Des passages d'auteurs qu'on a cités, attestent que les Grecs ont eu des esclaves nègres; c'étoit même un usage assez commun, selon Visconti, qui, dans le *Musée Pio-Clementin*, a publié une très-belle figure d'un de ces Nègres qu'on employoit au service des bains (1) : déjà Caylus en avoit fait graver plusieurs autres (2).

La loi mosaïque défendoit de mutiler les hommes; mais Jahn assure, dans son *Archeologie biblique*, que les rois des Hébreux achetoient des autres nations des eunuques, et spécialement des Noirs (3); il ne cite aucune autorité à l'appui de son dire. Toutefois il est possible qu'ils en aient eu, soit par leurs communications avec les Arabes,

---

(1) T. III, p. 41, planch. 35.
(2) *V.* Recueil d'Antiquités, etc., t. V, p. 247, planch. 88; t. VII, p. 285, planch. 81.
(3) *Archæologia biblica*, etc., à J. Ch. Jahn. *Viennæ*, p. 389.

soit lorsque les flottes de Salomon cingloient d'Aziongaber à Ophir, d'où elles apportoient, dit Flavius Josephe, beaucoup d'ivoire, des singes et des *Ethiopiens* (1) : ce qui est incontestable, c'est que l'Egypte commerçoit avec l'Ethiopie, et que les Alexandrins faisoient la traite des Nègres. Athenée et Pline le naturaliste en fournissent la preuve, et Ameilhon s'en appuie dans son histoire du commerce des Egyptiens (2).

Pinkerton croit ceux-ci d'origine assyrienne ou arabe (3). Heeren paroît mieux fondé, en les faisant descendre des Ethiopiens, qui eux-mêmes, selon Diodore de Sicile, regardoient les Egyptiens comme une de leurs colonies (4). Plus on remonte vers l'antiquité, plus on trouve de relations entre leurs pays respectifs; même écriture, mêmes

(1) V. *Josephe*, Antiq., l. VIII, c. VII, p. 2. *Hudson*, dans sa traduction latine dit *Æthiopes in Mancipia* (esclaves); le texte grec ne le dit pas, mais le fait présumer.

(2) p. 85.

(3) V. Modern Geography, in-4°. London 1807, t. II, p. 2; et t. III, p. 820 et 833.

(4) L. III, § 3.

mœurs, mêmes usages. Le culte des animaux encore subsistant chez presque tous les peuples nègres, étoit celui des Egyptiens; leurs formes étoient celles des Nègres un peu blanchis par l'effet du climat. Hérodote assure que les Colches sont originairement Egyptiens, parce que, comme eux, ils ont la peau noire et les cheveux crépus (1). Ce témoignage infirme les raisonnemens de Browne; les expressions d'Hérodote, dit-il, signifient seulement que les Egyptiens ont un teint basané et des cheveux crépus, comparativement aux Grecs, mais elles n'indiquent pas des Nègres (2). A cette assertion de Browne il ne manque que la preuve; le texte d'Hérodote est clair et précis.

Tout concourt donc à fortifier le système de Volney, qui voit dans les Coptes les représentans des Egyptiens. Ils ont un ton de peau jaunâtre et fumeux, le visage bouffi, l'œil gonflé, le nez écrasé, la lèvre grosse,

---

(1) *Hérodote*, l. II, n° 104.
(2) *V.* Nouveau Voyage dans la haute et basse Egypte, par *Browne*, t. I., c. XII; et *Walkenaer*, dans les Archives littéraires, etc.

en un mot la figure mulâtre (1). Fondé sur les mêmes observations, Ledyard croit à l'identité des Nègres et des Coptes (2). Le médecin Frank, qui étoit de l'expédition d'Egypte, appuie cette opinion par le rapprochement des usages, tels que la circoncision et l'excision pratiquées chez les Coptes et chez les Nègres (3); usages qui, au rapport de Ludolphe, se sont conservés chez les Ethiopiens (4).

Blumenbach a remarqué dans des crânes de momies ce qui caractérise la race nègre. Cuvier n'y trouve pas cette conformité de structure. Ces deux témoignages imposans, mais en apparence contradictoires, se concilient en admettant, comme Blumenbach, trois variétés égyptiennes, dont une rappelle la figure des Indous, une autre celle des Nègres, une troisième propre au climat de

---

(1) *V.* Voyages en Syrie et en Egypte, par *Volney*, nouvelle édit., t. I, p. 10 et suiv.
(2) V. *Ledyard*, t. I, p. 24.
(3) *V.* Mémoire sur le commerce des Nègres au Caire, par *Louis Franck*, in-8°, Paris 1802.
(4) *V.* Jobi Ludolf, etc., *Historia æthiopica*, in-fol., 1681, Francofurti ad Moenum, l. III, c. 1.

l'Egypte, dépend des influences locales : les deux premières s'y confondent par le laps de temps (1); la seconde, qui est celle du Nègre, se reproduit, dit Blumenbach, dans la figure du sphinx. Ici Browne vient encore s'inscrire en faux. Il prétend que la statue du sphinx est tellement dégradée, qu'il est impossible d'assigner son véritable caractère (2); et Meiners doute si les figures du sphinx représentent des héros ou des génies mal-faisans. Ce sentiment est combattu par l'inspection des sphinx dessinés dans Caylus, Norden, Niebhur et Cassas, examinés sur les lieux par les trois derniers, et depuis par Volney et Olivier (3). Ils lui trouvent la figure éthiopienne ; d'où Volney conclut qu'à la race noire, aujourd'hui esclave, nous devons nos arts, nos sciences, et jusqu'à l'art de la parole (4).

―――――

(1) V. *De Generis humani varietate nativa*, in-8°, Gottingue 1794.

(2) *Browne*, ibid.

(3) V. *Voyage dans l'Empire ottoman, l'Egypte, la Perse*, etc., par *Olivier*, 3 vol. in-4°, Paris 1804-7, t. II, p. 83 et suiv.

(4) *Volney*, ibid.

Grégory, dans ses *Essais historiques et moraux*, nous reporte aux siècles antiques pour montrer pareillement dans les Nègres nos maîtres en sciences; car ces Egyptiens, chez lesquels Pythagore, et d'autres Grecs, alloient puiser la philosophie, n'étoient, selon plusieurs écrivains, que des Nègres, dont les traits natifs furent décomposés et modifiés par le mélange successif des Grecs, des Romains et des Sarrasins. Dût-on prouver que les sciences sont venues de l'Inde en Egypte, en seroit-il moins vrai qu'elles ont traversé ce dernier pays pour arriver en Europe ?

Meiners se retranche à soutenir que l'on doit peu aux Egyptiens; et un homme de lettres, à Caen, a publié une dissertation pour développer cette thèse (1). Déjà elle avoit eu pour défenseur Edouard Long, auteur anonyme de l'histoire de la *Jamaïque*, qui, en accordant aux Nègres un caractère très-analogue à celui des anciens Egyptiens,

―――――――――

(1) *V.* Dissertation sur le préjugé qui attribue aux Egyptiens la découverte des sciences; par *Cailly*, in-8°, à Caen.

charge ceux-ci de mauvaises qualités, leur refuse le génie, le goût; leur dispute les talens pour la musique, la peinture, l'éloquence, la poésie; il leur accorde seulement la médiocrité en architecture (1). Il auroit pu ajouter que cette médiocrité se manifeste dans leurs pyramides, qu'un simple maçon eût pu construire, si la vie d'un individu étoit assez longue. Mais sans vouloir placer l'Egypte au terme le plus élevé des connoissances humaines, toute l'antiquité dépose en faveur de ceux qui l'envisagent comme une école célèbre, à laquelle s'instruisirent beaucoup de savans vénérés de la Grèce.

Quoique Edouard Long refuse du génie aux Egyptiens, il les élève fort au-dessus des Nègres; car il ravale ceux-ci au denier échelon de l'intelligence (2); et comme une mauvaise cause se défend par des argumens de même nature, au nombre de ceux qu'il allègue pour établir l'infériorité morale des Nègres, il assure que leur vermine est noire.

---

(1) The History of Jamaïca, 3 vol. in-4°, London 1774, V. t. II, p. 355 et suiv.; et p. 374, etc.
(2) Ibid.

C'est, dit-il, une remarque échappée à tous les naturalistes (1). En supposant la réalité de ce fait, qui oseroit (excepté Edouard Long) en conclure que les variétés humaines n'ont pas un type identique, et contester à quelques-unes l'aptitude à la civilisation ?

Ceux qui ont voulu déshériter les Nègres, ont appelé l'anatomie à leur secours, et sur la disparité de couleur se sont portées leurs premières observations. Un écrivain nommé Hanneman, veut que la couleur des Nègres leur soit venue de la malédiction prononcée par Noé contre Cham. Gumilla perd son temps à le réfuter. Cette question a été discutée par Pechlin, Ruysch, Albinus, Pittre, Santorini, Winslow, Mitchil, Camper, Zimmerman, Meckel père, Demanet, Buffon, Somering, Blumenbach, Stanhope-Smith (2), et beaucoup d'autres. Mais com-

―――――

(1) *The History of Jamaica*, 3 vol. in-4°, London 1774, *V*. t. II, p. 352.

(2) *Adversaria Anatomica*, decad. 3, p. 26, n° 23. *Dissert. de sede et causa coloris Æthiopum et cœterorum hominum*, etc., *Lugd. Bat.* 1707. Mémoires de l'acad. des Sc., 1702. Observ. anat., 1724. Venet.

ment s'accorderoit-on sur les conséquences, si l'on est discordant sur les faits anatomiques qui doivent leur servir de base ?

Meckel père pense que la couleur des Nègres est due à la couleur foncée du cerveau; mais Walter, Bonn, Somering, le docteur Gall, et d'autres grands anatomistes, trouvent la même couleur dans les cerveaux des Nègres et ceux des Blancs.

Barrère et Winslow croient que la bile des Nègres est d'une couleur plus foncée que celle des Européens; mais Somering la trouve d'un verd jaunâtre.

Attribuez-vous la couleur des Nègres à celle de leur membrane réticulaire ? Mais

---

Exposition anat., 1743, Amst., t. III, p. 278. *De habitu et colore Æthiopum*, Kilon, 1677. Discours sur l'origine et la couleur des Nègres, 1764. *V.* les ouvrag. trad. par *Herbel*, t. I, 1784, p. 24. *V.* Histoire de l'Afrique française, 2 vol. in-8°. Sur la différence physique qui se trouve entre les Nègres et les Européens, § 48. *De Generis Humani varietate nativa*, edit. 3, in-8°, Gotting. 1785. *V.* An Essay on the cause of the variety of complexion and figure in human species, by the rev. *S. Stanhope-Smith*, etc., in-8°, Philadelphia 1787. J'appelle l'attention sur cet ouvrage, qui mérite d'être médité.

si chez les uns elle est noire, d'autres l'ont cuivrée ou couleur de bistre. Au fond, c'est reculer la difficulté sans la résoudre; car dans l'hypothèse que la substance médullaire, la bile, la membrane réticulaire, seroient constamment noires, il resteroit à expliquer la cause. Buffon, Camper, Bonn, Zimmerman, Blumenbach, Chardel son traducteur français (1), Somering, Imlay, attribuent la couleur des Nègres, et celle des autres variétés, au climat, secondé par des causes accessoires, telles que la chaleur, le régime de vie. Le savant professeur de Gottingue remarque qu'en Guinée, non-seulement les hommes, mais les chiens, les oiseaux, et surtout les gallinacées, sont noirs, tandis que l'ours et d'autres animaux sont blancs vers les mers glaciales. La couleur noire étant, selon Knight, l'attribut de la race primitive dans tous les animaux, il penche à croire que le Nègre est le type original de l'espèce humaine (2). Demanet et Imlay remarquent

---

(1) *V.* De l'Unité du Genre humain, etc., par *Blumenbach*, traduit par *Chardel*.

(2) *V.* The Progress of civil Society, a didactic
que

que les descendans des Portugais établis au Congo, sur la côte de Sierra-Leone, et sur d'autres points de l'Afrique, sont devenus Nègres (1); et pour démentir des témoins oculaires tel que le premier, il ne suffit pas de nier, comme l'a fait le traducteur du dernier ouvrage de Pallas (2).

On sait que les parties les moins exposées au soleil, telles que la plante des pieds et les entre-doigts sont blafardes; aussi Stanhope-Smith, qui dérive la couleur noire de quatre causes, le climat, le régime de vie, l'état de société, la maladie, après avoir accumulé des faits qui prouvent l'ascendant du climat sur la complexion et la figure, explique très-bien pourquoi les Africains de la côte occidentale sous la zone torride, sont plus noirs que ceux de l'est; pourquoi la même latitude en Amérique ne produit pas le même effet.

---

poem, by *Richard Payne-Knight*, in-4°, London 1796, l. v, depuis le vers 227 et les suiv.

(1) *V*. A Topographical Description of the Western territory of north America, etc., by *Georg. Imlay*, in-8°, London 1793. *V.* lettre 9.

(2) *V.* Voyage dans les départemens méridionaux de la Russie, p. 600, en note.

Ici l'action du soleil est combattue par des causes locales qui, en Afrique, la fortifient; en général la couleur noire se trouve entre les Tropiques, et ses nuances progressives, suivent la latitude chez les peuples qui très-anciennement établis dans une contrée n'ont été ni transplantés sous d'autres climats, ni croisés par d'autres races (1). Si les Sauvages de l'Amérique du nord, et les Patagons placés à l'autre extrémité de ce continent, ont la teinte plus foncée que les peuples rapprochés de l'isthme de Panama, pour expliquer ce phénomène, ne doit-on pas recourir aux transmigrations anciennes, et consulter les impressions locales? T. Williams, auteur de l'Histoire de l'Etat de Vermont, appuie ce système par des observations qui prouvent la connexité de la couleur et du climat; sur des données approximatives, il conjecture que pour réduire, par des croisemens, la race noire à la couleur blanche, il faut cinq gé-

---

(1) Des plaisans ont débité qu'à Liverpool, où beaucoup d'armateurs s'enrichissent par la traite, on prioit Dieu journellement de ne pas changer la couleur des Nègres.

nérations qui, étant supposées chacune de vingt-cinq ans, donnent un total de cent vingt-cinq ans ; que pour amener les Noirs à la couleur blanche, sans croisement et par la seule action du climat, il faut quatre mille ans ; mais seulement six cents ans pour les Indiens qui sont de couleur rouge (1).

Ces effets sont plus sensibles chez les esclaves attachés au service domestique, mieux soignés, mieux nourris. Non-seulement leurs traits et leur physionomie ont subi un changement visible, mais ils gagnent au moral (2).

Outre le fait incontestable des *Albinos*, Somering établit, par des observations multipliées, que l'on a vu des Blancs noircir, jaunir ; des Nègres blanchir ou pâlir, surtout à l'issue de maladies (3) : quelquefois même, dans la grossesse, la membrane réticulaire des femmes blanches devient aussi

---

(1) *V.* The Natural and civil History of Vermont, by *S. Williams*, in-8°, 1794. Walpole *New-Hamshire*, p. 391 et suiv.
(2) *V.* An Essay, etc., p. 20, 23, 24, 58, 77, etc.
(3) *Ibid.* § 48.

noire que celle des Négresses d'Angola. Ce phénomène vérifié par le Cat, est confirmé par Camper, comme témoin oculaire (1). Cependant Hunter soutient que quand la race d'un animal blanchit, c'est une preuve de dégénération. Mais s'ensuit-il que dans l'espèce humaine la variété blanche soit dégénérée ? Où faut-il, au contraire, avec le docteur Rush, dire que la couleur des Nègres est le résultat d'une léproserie héréditaire ? Il s'appuie du chimiste Beddoes, qui avoit presque blanchi la main d'un Africain, par une immersion dans l'acide muriatique oxigéné (2). Un journaliste propose, en ricanant, d'envoyer en Afrique des compagnies de blanchisseurs (3). Cette plaisanterie, inutile pour éclaircir la question, est inconvenante quand il s'agit d'un homme distingué comme le docteur Rush.

---

(1) *V.* Dissertations sur les variétés naturelles qui caractérisent la physionomie, etc.; par *Camper*; traduit par *Jansen*, in-4°, Paris 1791, p. 18.

(2) *V.* Transactions of the American philosophical society, etc., in-4°, p. 287 et suiv.

(3) *V.* Monthly Review, t. XXXVIII, p. 20.

Les philosophes ne s'accordent pas à fixer quelle partie du corps humain doit être réputée le siége de la pensée et des affections. Descartes, Harthley, Buffon offrent chacun leurs systèmes. Cependant, comme la plupart le placent dans le cerveau, on a voulu en conclure que les plus grands cerveaux étoient les plus richement dotés en talens, et que les Nègres l'ayant plus petit que les Blancs, devoient leur être inférieurs. Cette assertion est détruite par des observations récentes; car divers oiseaux ont proportionnément le cerveau plus volumineux que celui de l'homme.

Cuvier ne veut pas que l'on mesure la portée de l'ntelligence sur le volume du cerveau, mais sur celui de la partie du cerveau nommée les hémisphères, qui augmente ou diminue, dit-il, dans la même mesure que les facultés intellectuelles de tous les êtres dont se compose le règne animal. Mais Cuvier, modeste comme tous les vrais savans, ne propose sans doute cette idée que comme une conjecture; car pour tirer une conséquence affirmative, ne faudroit-il pas que nous connussions mieux les rapports de l'homme, son état moral ? Combien de siècles s'écouleront peut-être avant qu'on ait pénétré ce mystère.

« Tout ce qui différencie les nations, dit
» Camper, consiste dans une ligne menée de-
» puis les conduits des oreilles jusqu'au fond
» du nez, et une autre ligne droite qui touche
» la saillie du coronal au-dessus du nez, et se
» prolonge jusqu'à la partie la plus saillante
» de l'os de la mâchoire, bien entendu qu'il
» faut regarder les têtes de profil. C'est non-
» seulement l'angle formé par ces deux lignes
» qui constitue la différence des animaux,
» mais encore des diverses nations ; et l'on
» pourroit dire que la nature s'est, en quel-
» que sorte, servi de cet angle pour déter-
» miner les variétés animales, et les amener
» comme par degrés jusqu'à la perfection des
» plus beaux hommes. Ainsi la figure des
» oiseaux décrit les plus petits angles, et ces
» angles augmentent à mesure que l'animal
» approche de la figure humaine. Je citerai
» pour exemple (c'est Camper qui parle) les
» têtes de singe, dont les unes décrivent un
» angle de quarante-deux dégrés, les au-
» tres un de cinquante. La tête d'un Nègre
» d'Afrique, ainsi que celle du Calmouk,

» forment un angle de soixante-dix degrés,
» et celle d'un Européen en fait un de quatre-
» vingt. Cette différence de dix degrés fait
» la beauté des têtes européennes, parce que
» c'est un angle de cent degrés qui constitue
» la plus grande perfection des têtes anti-
» ques. De pareilles têtes, comme le plus
» haut point de beauté, ressemblent le plus
» à celle d'Apollon Pythien et de Méduse,
» par Sosocles, deux morceaux unanimement
» considérés comme les plus beaux (1) ».

Cette ligne faciale de Camper a été adoptée par divers anatomistes. Bonn dit avoir trouvé l'angle de soixante-dix degrés dans les têtes des Négresses (2); et comme d'une part ces différences sont assez constantes; que d'une autre les sciences subissent aussi l'empire des modes, ce genre d'observations sur le volume, la configuration, les protubérances des crânes, sur l'expansion du cerveau,

---

(1) *V.* Opuscules, t. I, p. 16; et Dissertations physiques sur la différence réelle que présentent les traits du visage chez les hommes de divers pays.

(2) *Descriptio thesauri ossium Morbosor. Hovii* 1787, p. 133.

les affections spéciales dont chacune de ses parties peut-être susceptible, et ses rapports avec l'intelligence humaine, a pris le nom de *Cranologie*, depuis que le docteur Gall en a fait l'objet de sa doctrine physiologique. Il est combattu entre autres par Osiander (1), qui d'ailleurs lui en conteste la priorité, et qui en trouve les élémens dans la Métoposcopie de Fuschius, et le *Fasciculus medicinæ* de Jean de Ketham, etc. Il pouvoit y ajouter Aristote, Plutarque, Albert le Grand, Triumphus, Vieussens, dit le docteur Gall lui-même.

Celui-ci veut fonder sur la structure du crâne la prétendue infériorité morale des Nègres; et quand on lui oppose le fait de beaucoup de Nègres dont les talens sont incontestables, il répond qu'alors leurs formes cranologiques se rapprochent de la structure des Blancs, et réciproquement il suppose que des Blancs stupides ont une conformation qui les rapproche des Nègres. Au reste,

---

(1) V. *Epigrammata in complures musaei anatomici res*, etc., par Fr. B. Osiander, in-8°, Gottingue 1807, p. 45 et 46.

je m'empresse de rendre hommage aux talens et à la loyauté des docteurs Gall et Osiander; mais les hommes les plus éminens peuvent se fourvoyer dans les hypothèses, ou tirer d'observations justes des conséquences exagérées. Par exemple, personne ne contestera au président de l'académie des arts de Londres, d'être un grand peintre; mais comment s'y prendroit West pour prouver son opinion, que la physionomie des Juifs les rapproche de celle des chèvres (1). Est-il facile de déterminer les formes nationales, quand dans tous les pays on voit des variétés notables, même de village à village? je l'ai remarqué surtout dans les Vosges, comme Olivier dans la Perse; Lopez a vu des Nègres à cheveux rouges, au Congo (2).

Admettons néanmoins que chaque peuple a un caractère spécifique, qui se reproduit jusqu'à ce que le mélange éventuel l'altère ou l'efface. Qui pourroit fixer le laps de temps nécessaire pour détruire l'influence de ces diversités transmises héréditairement, et

---

(1) *V.* p. 20, de *Chardel.*
(2) *V. Relazione del reame di Congo,* p. 6.

qui sont le produit du climat, de l'éducation, du régime diététique, des habitudes ? La nature est diversifiée dans ses détails à tel point, que quelquefois les yeux les plus exercés seroient tentés de rapporter à des espèces différentes des plantes congénères. Cependant elle admet peu de types primitifs, et dans les trois règnes, la puissance féconde de l'Éternel en fait jaillir une foule de variétés qui font l'ornement et la richesse du globe.

Blumenbach croit que les Européens dégénèrent par un long séjour dans les deux Indes et en Afrique. Somering n'ose décider si la race primitive de l'homme, en quelque coin de la terre qu'on place son berceau, s'est perfectionnée en Europe, si elle s'est altérée en Nigritie, attendu que pour la force et l'adresse, la conformation des Nègres relativement à leur climat, est aussi accomplie, et peut-être plus que celle des Européens. Ils surpassent les Blancs par la finesse exquise de leurs sens, surtout de l'odorat. Cet avantage leur est commun avec tous les peuples à qui le besoin en prescrit un fréquent exercice ; tels sont les indigènes de l'Amérique du nord ; tels les Nègres marrons de la

Jamaïque, qui à la vue distinguent dans les bois des objets imperceptibles à tous les Blancs. Leur taille droite, leur contenance fière, leur vigueur indiquent leur supériorité; ils communiquent entre eux en sonnant de la corne, et la nuance des sons est telle, qu'ils s'interpellent au loin en distinguant chacun par son nom (1).

Somering observe encore que la perfection essentielle d'une foule de plantes se détériore par la culture. La magnificence et la fraîcheur passagères qu'on s'efforce de produire dans les fleurs, détruisent souvent le but auquel la nature les destine. L'art de faire éclore des fleurs doubles, que nous devons aux Hollandais, ôte presque toujours à la plante la faculté de se reproduire. Quelque chose d'analogue se retrouve chez les hommes; leur esprit est souvent cultivé aux dépens du corps, et réciproquement; car plus l'esclave est abruti, plus

---

(1) The History of the Maroons from their origin to the etablissement of their chief Tribe at Sierra-Leone, by *R. C. Dallas*, 2 vol. in-8°, London 1803, t. I, p. 88 et suiv.

il est propre aux travaux des mains (1).

On ne refuse point aux Nègres la force corporelle ; quant à la beauté, d'où la faites-vous résulter? Sans doute de la couleur et de la régularité des traits ; mais sur quoi fondé veut-on que la blancheur soit la couleur privativement admise dans ce qui constitue la beauté, tandis que ce principe n'est point appliqué aux autres productions de la nature ? Chacun sur cet objet a ses préjugés, et l'on sait que diverses peuplades noires, transportant la couleur réputée chez eux la moins avantageuse au diable, le peignent en blanc.

Ce qu'on appelle la régularité des traits, est une de ces idées complexes dont peut-être n'a-t-on pas encore saisi les élémens, et sur lesquels, après tous les efforts de Crouzas, de Hutcheson et du P. André, il reste à établir des principes. Dans les mémoires de Manchester, George Walker prétend que les formes et les traits universellement approuvés chez tous les peuples, sont le type essentiel de la beauté ; que ce qui est con-

---

(1) Somering, § 74.

festé est dès-lors un défaut, une déviation du jugement (1). C'est demander à l'érudition la solution d'un problème physiologique.

Bosman vante la beauté des Négresses de Jnïda (2); Ledyard et Lucas, celle des Nègres Jalofes (3); Lobo, celle des Abyssins (4). Ceux du Sénégal, dit Adanson, sont les plus beaux hommes de la Nigritie; leur taille est sans défaut, et parmi eux on ne trouve point d'estropiés (5). Cossigny vit à Gorée des Négresses d'une grande beauté, d'une taille imposante, avec des traits à la romaine (6). Ligon parle d'une Négresse de l'île S. Yago, qui réunissoit la beauté et la majesté à tel point, que jamais il n'avoit rien vu de comparable (7). Robert Chasle, auteur du Journal du Voyage de l'amiral du

_____

(1) T. V, IIe part.
(2) *Bosman*, Voyage en Guinée, 1705, Utrecht, lettre 18.
(3) Voyage de *Ledyard* et *Lucas*, t. II, 338.
(4) *V.* Relation historique de l'Abyssinie, par *Lobo*, in-4°, Paris 1726, p. 68.
(5) *Adanson*, Voyage au Sénégal, p. 22.
(6) V. *Cossigny*, Voyage à Canton, etc.
(7) *V.* Histoire de l'île des Barbades, de *Rich. Li-*

Quesne, étend cet éloge aux Négresses et Mulâtresses de toutes les îles du Cap-Vert (1). Leguat (2), Ulloa (3) et Isert (4), rendent le même témoignage à l'égard des Négresses qu'ils ont vues, le premier à Batavia, le second en Amérique, et le troisième en Guinée.

D'après ces témoignages, Jedediah-Morse se mettra sans doute en frais pour expliquer le caractère de supériorité qu'il trouve imprimé sur le front du Blanc (5).

Les systèmes qui supposent une différence essentielle entre les Nègres et les Blancs, ont été accueillis 1°. par ceux qui à toute force veulent matérialiser l'homme, et lui arracher des espérances chères à son cœur ; 2°. par ceux qui, dans une diversité primitive des races humaines, cherchent un moyen

---

gon, dans le Recueil de divers voyages faits en Afrique et en Amérique, in-4°, Paris 1674, p. 20.

(1) *V.* Journal d'un Voyage aux Indes orientales, sur l'escadre de *du Quesne*, 3 vol. in-12, Rouen 1721, t. I, p. 202.
(2) Voyage de *Leguat*, t. II, p. 136.
(3) Ulloa, *Noticias Americanas*, p. 92.
(4) *Isert*, Reis na Guinea, Dordrecht 1790, p. 175.
(5) *V.* p. 182.

de démentir le récit de Moïse; 3º. par ceux qui, intéressés aux cultures coloniales, voudroient dans l'absence supposée des facultés morales du Nègre, se faire un titre de plus pour le traiter impunément comme les bêtes de somme.

Un de ceux qu'on avoit accusés d'avoir manifesté une telle opinion, s'en défend avec chaleur. On lui reprochoit d'avoir dit dans ses *Idées sommaires sur quelques réglemens à faire à l'assemblée coloniale*, imprimées au Cap, qu'il y a deux espèces d'hommes, la blanche et la rouge; que les Nègres et Mulâtres n'étant pas de la même que le Blanc, ne peuvent prétendre aux droits naturels pas plus que l'Orang-outang; qu'ainsi Saint-Domingue appartient à l'espèce blanche (1). L'auteur le nie. Il est remarquable qu'alors correspondant de l'académie des sciences, aujourd'hui membre de l'Institut, il avoit précisément à cette époque pour confrère correspondant de la même académie,

---

(1) Par le baron *de Beauvois*, p. 6 et 24. *V*. Rapport sur les troubles de Saint-Domingue, etc., par *Garran*, in-8º, Paris an 5 (1797).

un Mulâtre de l'île de France, Geoffroi-Lislet, dont il sera question ci-après.

Les loix coloniales ne prononçoient pas formellement qu'il y ait parité entre l'esclave et la brute; mais divers actes réglémentaires et judiciaires le supposoient. Dans la multitude de faits, je choisis 1°. une sentence du conseil du Cap, tiré d'une source non suspecte, la collection de Moreau-Saint-Méry. L'énoncé de ce jugement rapproche sur la même ligne les Nègres et les porcs (1). 2°. Le réglement de police qui à Batavia interdit aux esclaves de porter des bas, des souliers, et de paroître sur les trottoirs près des maisons; ils doivent marcher dans le milieu de la rue avec les bestiaux (2).

Mais pour l'honneur des savans qui ont approfondi cette matière, hâtons-nous de déclarer qu'ils n'ont pas blasphémé la raison en essayant de ravaler les Noirs au-dessous de l'humanité. Ceux même qui veulent me-

---

(1) *V.* Loix et Constitution des colonies, par *Moreau-Saint-Méry*, t. VI, p. 144.

(2) *V.* Voyage à la Cochinchine, par *Barrow*, 2 vol. in-8°, Paris 1807, t. II, p. 63 et suiv.

surer l'étendue des facultés morales sur la grandeur du cerveau, désavouent les rêveries de Kaims, et toutes les inductions que veulent en tirer, soit le matérialisme pour nier la spiritualité de l'ame, soit la cupidité pour les asservir.

J'ai eu occasion d'en conférer avec Bonn d'Amsterdam, qui a la plus belle collection connue de peaux humaines; avec Blumenbach, qui a peut-être la plus riche en crânes humains; avec Gall, Meiners, Osiander, Cuvier, Lacépède; et je saisis cette occasion d'exprimer à ces savans ma reconnoissance. Tous, un seul excepté qui n'ose décider, tous comme Buffon, Camper, Stanhope-Smith, Zimmerman, Sömering, admettent l'unité de type primitif dans la race humaine.

Ainsi la physiologie se trouve ici d'accord avec les notions auxquelles ramène sans cesse l'étude des langues et de l'histoire, avec les faits que nous révèlent les livres sacrés des Juifs et des Chrétiens. Ces mêmes auteurs repoussent toute assimilation de l'homme à la race des singes; et Blumenbach, fondé sur des observations réitérées, nie que la femelle du singe soit soumise à des évacuations périodiques qu'on citoit comme un trait de similitude avec l'espèce humaine (1). Entre les têtes du sanglier et du porc domestique, qu'on avoue être de la même race, il y a plus de différence qu'entre la tête du Nègre et celle du Blanc; mais, ajoute-t-il, entre la tête du Nègre et celle de l'Orang-outang, la distance est immense. Les Nègres étant de même nature que les Blancs, ont donc avec eux les mêmes droits à exercer, les mêmes devoirs à remplir. Ces droits et ces devoirs sont antérieurs au développement moral. Sans doute leur exercice se perfectionne ou se détériore selon les qualités des individus. Mais voudroit-on graduer la jouissance des avantages sociaux, d'après une échelle comparative de vertus et de talens, sur laquelle beaucoup de Blancs eux-mêmes ne trouveroient pas de place?

---

(1) V. *De generis humani varietate nativa*. Cependant selon *Desfontaines*, la femelle du pithèque (*simia pitheous*) a un léger écoulement périodique.

CHAPITRE II.

Opinions relatives à l'infériorité morale des Nègres. Discussion sur cet objet. Obstacles qu'oppose l'esclavage au développement de leurs facultés. Ces obstacles combattus par la religion chrétienne. Évêques et prêtres nègres.

L'OPINION de l'infériorité des Nègres n'est pas nouvelle. La prétendue supériorité des Blancs n'a pour défenseurs que des Blancs juges et parties, et dont on pourroit d'abord discuter la compétence, avant d'attaquer leur décision. C'est le cas de rappeler l'apologue du lion qui, à l'aspect d'un tableau représentant un animal de son espèce terrassé par un homme, se contenta de faire observer que les lions n'ont pas de peintres.

Hume, qui dans son *Essai sur le caractère national*, admet quatre à cinq races, soutient que la blanche seule est cultivée, que jamais on ne vit un Noir distingué par ses actions et ses lumières. Son traducteur, ensuite Estwick (1) et Chatelux ont répété la même assertion. Barré-Saint-Venant, pense que si la nature permet aux Nègres quelques combinaisons qui les élèvent au-dessus des autres animaux, elle leur interdit les impressions profondes et l'exercice continu de l'esprit, du génie et de la raison (2).

Il est fâcheux de trouver le même préjugé chez un homme dont le nom ne se prononce parmi nous qu'avec une estime profonde, et un respect mérité; c'est Jefferson dans ses *Observations sur la Virginie* (3). Pour étayer son opinion, il ne suffisoit pas de ravaler le talent de deux écrivains nègres; il falloit établir par les raisonnemens et des

---

(1) Considerations on the Negroe cause, par *Estwick*.

(2) *V*. Des colonies sous la zone torride, particulièrement celle de Saint-Domingue, par *Barré-Saint-Venant*, in-8°, Paris 1802, c. IV.

(3) *V*. Notes on the State of Virginia, etc., by *Jefferson*, in-8°, London 1787.

faits multipliés, que, dans des circonstances données, et les mêmes pour des Blancs et des Noirs, ceux-ci ne pourroient jamais rivaliser avec ceux-là.

Il s'objecte Epictete, Térence et Phèdre qui avoient été esclaves, et auxquels il eut pu joindre Locman, Esope, Servius-Tullius; à cette difficulté, il répond par une pétition de principe, en disant qu'ils étoient blancs.

Jefferson, combattu par Beattie, l'a été depuis par Imlay, son compatriote, avec beaucoup d'énergie, surtout en ce qui concerne Phillis Wheatley. Imlay en transcrit des morceaux touchans; mais il se trompe à son tour, en disant à Jefferson que la citation de Térence est une gaucherie, attendu qu'il étoit, non-seulement Africain, mais Numide et pourtant Nègre (1). Il paroît que Térence étoit Carthaginois. La Numidie correspond à ce qu'on nomme aujourd'hui la Mauritanie, dont les habitans descen-

___

(1) *V.* A topographical description of the western territory of north America, etc., by *George Imlay*, in-8°, London 1793. *V.* Lettre 9.

doient des Arabes, et qui, ayant envahi l'Espagne, furent la nation la plus éclairée du moyen âge.

Au reste, Jefferson lui-même fournit des armes pour le combattre dans sa réponse à Raynal, qui reprochoit à l'Amérique de n'avoir pas encore produit des hommes célèbres. Quand nous aurons existé, dit le savant Américain, en corps de nation aussi long-temps que les Grecs, avant d'avoir un Homère, les Romains un Virgile, les Français un Racine, on sera en droit de montrer de l'étonnement : de même pouvons-nous dire, quand les Nègres auront existé dans l'état de civilisation aussi long-temps que les habitans des Etats-Unis, avant de produire des hommes tels que Franklin, Rittenhouse, Jefferson, Madison, Washington, Monroë, Waren, Rush, Barlow, Mitchil, Rumford, Barton, le Virginien, qui a fait l'*English Spy*, l'auteur de l'adresse aux armées à la fin de la guerre de la révolution, qu'on a surnommé le Junius Américain, etc., etc., et trente autres que je pourrois citer (1), on aura quel-

---

(1) L'aurore des beaux arts en Amérique s'annonce

que droit de croire qu'il y a chez les Nègres absence totale de génie. « Eh comment le » génie pourroit-il naître au sein de l'opprobre et de la misère, quand on n'entrevoit, » dit Genty, aucune récompense, aucun » espoir de soulagement (1) » ! Après avoir combattu, dans Jefferson, une erreur de l'esprit, je ne quitterai pas ce sujet sans rendre hommage à son cœur. Par ses discours et ses actions, comme président et comme citoyen, il a provoqué sans relâche la liberté, l'instruction des esclaves, et tous les moyens d'améliorer leur existence.

Dans la plupart des régions africaines, la

---

d'une manière brillante. *West*, *Copely*, *Vanderlyn*, *Stewart*, *Peale*, *Allston* sont comptés au rang des peintres distingués. Des femmes même sont entrées avec succès dans la carrière littéraire. Mde *Waren*, qui vient de donner son Histoire de la révolution américaine. Mlle *Hannah Adams*, qui entre autres ouvrages, a publié *La Vérité et l'Excellence du Christianisme prouvées par les écrits des laïcs*, etc. Cette énumération est déjà une réponse victorieuse aux rêveries de *Paw*, sur l'infériorité de talens des citoyens du nouveau Monde.

(1) V. Influence de la découverte de l'Amérique, p. 167.

civilisation et les arts sont encore au berceau. Si c'est parce que les habitans sont Nègres, expliquez-nous pourquoi les hommes blancs ou cuivrés des autres contrées sont restés sauvages, et même antropophages ? Pourquoi, avant l'arrivée des Européens, les hordes errantes et vivant de chasse de l'Amérique septentrionale, n'avoient pas même passé au rang des peuples pasteurs ? Cependant on ne conteste pas leur aptitude, ce qu'on ne manqueroit pas de faire, si jamais on vouloit établir la traite chez eux : tenez pour certain que la cupidité trouveroit des prétextes pour justifier leur esclavage.

Les arts sont fils des besoins naturels ou factices. Ceux-ci sont à peu près inconnus en Afrique; et quant aux besoins de se nourrir, se vêtir, s'abriter, ces derniers sont presque nuls, à raison de la chaleur du climat; le premier, très-restreint, est d'ailleurs facile à satisfaire, parce que la nature y prodigue ses richesses; les relations récentes ont grandement modifié l'opinion qui, aux contrées africaines, n'attachoit guères que l'idée de déserts infertiles. James Field Stanfield, dans son beau poëme intitulé: *La Guinée*, n'a été, à cet égard, que l'écho des voyageurs (1).

La religion chrétienne est un moyen infaillible de propager et de maintenir la civilisation; c'est l'effet quelle a produit et quelle produira partout. C'est par elle que nos ancêtres, Gaulois et Francs, cessèrent d'être barbares, et les bois sacrés ne furent plus souillés par les sacrifices de sang humain. Par elle se répandirent les lumières dans cette église d'Afrique, autrefois l'une des portions les plus brillantes de la catholicité. Quand la religion abandonna ces contrées, elles furent replongées dans les ténèbres. L'historien Long, qui s'efforce de persuader que les Nègres sont incapables de s'élever aux hautes

---

(1) *V.* The Guinea Voyage a poem, in 3 books, by *James Field Stanfield*, in-4°, London 1787. On me saura gré de citer le début du second livre.

<blockquote>
High where primeval forests, shade the land
And in majestic solemn order stand
A sacred station raises now it seat
O'er the loud stream that murmur at its feet
Of Niger rushing thro' the fertile plains
Swelled by the cataract of Tropic rains
Long' ere surcharged his turgid flood divides;
To burst an Ocean in three thundering tides.
</blockquote>

conceptions de l'esprit humain, et qui se réfute lui-même dans plusieurs endroits de son ouvrage, comme on le fera voir, entr'autres, à l'article de Francis Williams ; Edouard Long reproche aux Nègres de manger des chats sauvages, comme si c'étoit un crime, et qu'on n'en mangeât pas en Europe ; d'être livrés à des superstitions (1), comme si l'Europe n'en étoit pas infectée, et surtout la patrie de cet historien. On peut voir dans Grose, la longue et ridicule énumération d'observances superstitieuses des protestans anglais (2).

Si le superstitieux est à plaindre, du moins il n'est pas inaccessible aux notions saines. De fausses lueurs peuvent disparoître à l'éclat de la lumière ; on peut l'assimiler à une terre dont la fécondité, selon qu'elle est négligée ou cultivée, produit des plantes vénéneuses ou salutaires ; au lieu qu'un sol frappé de stérilité absolue, pourroit être

_____

(1) V. *Long*, t. II, p. 420.
(2) A Provincial glossary with a collection of local proverbs and popular superstitions, by *Francis Grose*, in-8°, London 1790.

l'emblème de quiconque professe l'abnégation de tout principe religieux. La croyance d'un Dieu, rémunérateur et vengeur, peut seul garantir la probité d'un homme qui, soustrait aux regards de ses semblables et n'ayant pas à redouter la vindicte publique, pourroit impunément voler ou commettre tout autre crime. Ces réflexions amènent la solution du problème tant de fois discuté: Quel est le pis de la superstition ou de l'athéisme? Quoique chez bien des gens la passion étouffe le sentiment du juste et de l'honnête, en thèse générale peut-on balancer sur le choix entre celui à qui, pour être vertueux, il suffit de se conformer à sa croyance, et celui qui a besoin, pour n'être pas fripon d'être inconséquent à son système.

Barrow attribue la barbarie actuelle de quelques contrées d'Afrique, au commerce des esclaves. Pour s'en procurer, les Européens y ont fait naître, et ils y perpétuent l'état de guerre habituelle; ils ont empoisonné ces régions par leurs liqueurs fortes, par l'accumulation de tous les genres de débauche, de séduction, de rapacité, de cruauté. Est-il un seul vice dont ils ne reproduisent journellement l'exemple sous les yeux des Nègres apportés en Europe, ou transportés dans nos colonies? Je ne suis pas surprise de lire dans Beaver, certainement ami des Nègres, et qui dans son *African memoranda* se répand en éloges sur leurs vertus natives et leurs talens: « J'aimerois » mieux introduire chez eux un serpent à » sonnettes, qu'un Nègre qui auroit vécu à » Londres (1) ». Cette phrase exagérée, et qui n'est pas un compliment flatteur pour les Blancs, indique ce que deviennent des individus à qui on inculque tous les genres de dépravation, sans leur opposer un seul frein qui en amortisse les funestes résultats.

Homère assure que quand Jupiter condamne un homme à l'esclavage, il lui ôte la moitié de son esprit. La liberté conduit à tout ce qu'ont de sublime le génie et la vertu, tandis que l'esclavage les étouffe. Quels sentimens de dignité, de respect pour eux-mêmes peuvent concevoir des êtres considérés comme

---

(1) *V.* African memoranda, relative to an attempt to establish a british settlement in the Island of Boulam, by captain *Phylips Beaver*, in-4°, London 1805. I would rather carry thither a rattle snake, etc., p. 397.

le bétail, et que des maîtres jouent quelquefois aux cartes ou au billard, contre quelques barils de riz ou d'autres marchandises? Que peuvent être des individus dégradés au-dessous des brutes, excédés de travail, couverts de haillons, dévorés par la faim, et pour la moindre faute déchirés par le fouet sanglant d'un commandeur?

L'estimable curé Sibire qui, après avoir missionné avec succès en Afrique et en Europe, est actuellement, comme tant de dignes prêtres, repoussé du ministère par des fanatiques; Sibire dit, en se moquant des colons, « Ils ont fait des descriptions
» bizarres de la béatitude de leurs Nègres,
» et sous des couleurs si riantes, si aimables,
» qu'en admirant leurs tableaux d'imagina-
» tion, on regrette presque d'être libre, ou
» qu'il prend envie d'être esclave.... Je ne
» leur souhaiterois pas à ces colons un pareil
» bonheur, dont pourtant ils ne sont que
» trop dignes (1). A qui persuaderez-vous

―――――

(1) *V.* L'Aristocratie négrière, etc., par l'abbé *Sibire*, missionnaire dans le royaume de Congo, in-8°, Paris 1789, p. 93.

» que l'éternelle sagesse puisse se contredire,
» et que le père commun des humains en soit
» comme vous le tyran ? Si, par impossible,
» il existoit sur la terre un homme nécessité
» à servir de proie à ses semblables, il seroit
» un argument invincible contre la Provi-
» dence (1) ». On n'a pas encore vu un seul
de ces Blancs imposteurs changer son sort
avec celui de ces Nègres. Si les esclaves sont
si heureux, pourquoi, jusqu'à ces dernières
années, enlevoit-on annuellement, d'Afrique, quatre-vingt mille Noirs pour remplacer ceux qui avoient succombé aux fatigues, à la misère, au désespoir; car de l'aveu
des planteurs, il en périt une grande partie
dans les premiers temps de leur séjour en
Amérique (2).

Les colons s'obstinent à vouloir persuader
aux esclaves qu'ils sont heureux; les esclaves
s'obstinent à soutenir le contraire. A qui

---

(1) V. *Ibid.*, p. 27.
(2) V. Practical rules for the management and me-
dical treatment of negroe-slaves in the Sugar colonies,
by a professional planter, in-8°, London 1805,
p. 470.

faut-il s'en rapporter? Pourquoi leurs regards, leurs souvenirs se tournent-ils sans sans cesse vers leur patrie? Pourquoi ces regrets amers d'en être éloignés, et ce dégoût de la vie? Pourquoi ces élans d'alégresse en assistant aux funérailles de leurs compagnons de misère, que la mort délivre de la servitude, sans que les Blancs puissent y mettre obstacle (1)? Pourquoi cette tradition consolante parmi eux, que leur bonheur en mourant sera de retourner dans leur terre natale? Pourquoi ces suicides multipliés afin d'accélérer ce retour? Il plaît à Bryant-Edwards de nier que cette opinion soit reçue chez les Nègres. En cela il est contredit par la foule des auteurs, entr'autres, par son compatriote Hans Sloane qui, certes, connoissoit bien les colonies (2), et par Othello, écrivain nègre (3).

---

(1) *V.* Notes on the West-Indies, etc., by *G. Pinckard*, 3 vol. in-8°, London; t. I, p. 273, et t. III, p. 67.

(2) A Voyage to the islands of Madera, Barbadoes and Jamaica, by *Hans Sloane*, 2 vol. in-fol., London 1707, p. 48.

(3) *V.* Son Essai contre l'esclavage, publié en 1788 à Baltimore.

Les habitans de la Basse-Pointe et du Carbet, paroisses de la Martinique, plus véridiques que d'autres colons, avouoient, en 1778, « que la religion seule donnant
» l'espérance d'un meilleur avenir, fait sup-
» porter patiemment aux Nègres un joug si
» contraire à la nature, et console ce peuple
» qui ne voit dans le monde que du travail
» et des châtimens (1) ».

A Batavia on s'abonne, à tant par année, pour faire fouetter en masse les esclaves, et sur le champ on prévient la grangrène, en couvrant les plaies de poivre et de sel : c'est Barrow qui nous l'apprend (2). Son compatriote, Robert Percival, observe, à cette occasion, que les esclaves, cruellement traités à Batavia, et dans les autres colonies hollandaises qui sont à l'est, n'ayant aucun abri contre la férocité des maîtres, ne pouvant espérer aucune justice des tribunaux,

---

(1) *V.* Lettre d'un Martiniquais à M. *Petit*, sur son ouvrage intitulé : Droit public du gouvernement des colonies françaises, in-8°, 1778.

(2) Voyage de la Cochinchine, par *Barrow*, t. II, p. 98, 99.

se vengent sur leurs tyrans, sur eux-mêmes et sur l'espèce humaine dans ces courses homicides nommées *Mocks*, plus fréquentes dans ces colonies qu'ailleurs (1).

On enfleroit des volumes par le récit des forfaits dont ils ont été les victimes. Quand les partisans de l'esclavage ne peuvent les nier, ils se retranchent à dire que déjà ils sont anciens, et que rien de pareil dans ces derniers temps ne souille les annales des colonies. Certainement il est des planteurs respectables sous tous les rapports, que l'inculpation de cruauté ne peut atteindre; et comme on laisse à chacun la faculté de se placer dans les exceptions, si quelqu'un se récrioit comme s'il étoit attaqué nominativement, avec Erasme, on lui répondroit que par là même il dévoile sa conscience (2). Cependant elle est assez moderne l'anecdote du capitaine négrier, qui, manquant d'eau, et voyant la mortalité

---

(1) Voyage à l'île de Ceylan, par *Robert Percival*, traduit par *P. F. Henry*, 1803, Paris, t. I, p. 222 et 223.

(2) *Qui se læsum clamabit is conscientiam suam prodet.*

ravager sa cargaison, jetoit par centaines des Nègres à la mer. Il est récent le fait d'un autre capitaine qui, ennuyé des cris de l'enfant d'une Négresse, l'arrache du sein maternel, et le précipite dans les flots : les gémissemens continuels de la pauvre mère remplacèrent ceux de l'enfant, et si elle n'éprouva pas le même traitement, c'est parce que ce négrier espéroit en tirer bon parti par la vente. Je suis persuadé, dit John Newton, que toutes les mères dignes de ce nom déploreront son sort. Le même auteur raconte qu'un autre capitaine, ayant apaisé une insurrection, s'exerça long-temps à rechercher les genres de supplices les plus rafinés, pour punir ce qu'il appeloit une révolte (1).

C'est en 1789 que de Kinsgton en Jamaïque, on écrivoit : « Outre les coups de
» fouet par lesquels on déchire les Nègres,
» on les musèle pour les empêcher de sucer
» une de ces cannes à sucre arrosées de leurs
» sueurs, et l'instrument de fer avec lequel

---

(1) *V.* Thoughts upon the african slave-trade, by *John Newton,* rector, etc., 2.e édit. in-8°, London 1788, p. 17 et 18.

» on leur comprime la bouche, empêche
» encore d'entendre leurs cris lorsqu'on les
» fouette (1) ».

La crainte qu'inspirèrent les Marrons de la Jamaïque, en 1795, fit trembler les planteurs. Un colonel *Quarrel* offre à l'assemblée coloniale d'aller à Cuba chercher des meutes de chiens dévorateurs; sa proposition est accueillie avec transport. Il part, arrive à Cuba, et dans le récit de cette infernale mission, s'intercale la description d'un bal que lui donne la marquise de Saint-Philippe. Il revient à la Jamaïque avec ses chiens et ses chasseurs, qui, heureusement, ne servirent pas, parce qu'on fit la paix avec les Marrons. Mais on doit savoir gré de leur intention à ces planteurs, qui payèrent largement les chasseurs, et votèrent des remerciemens, des récompenses au colonel Quarrel, dont le nom à jamais abhorré doit figurer à côté de Phalaris, Mezence, Néron, etc. Je le demande avec douleur, mais la vérité est plus respectable que les individus; malgré

―――――――――――――――――――

(1) *V.* American Museum, in-8°, Philadelphie 1789, t. VI, p. 407.

les témoignages qui déposent en faveur du caractère de Dallas, que faut-il penser d'un homme lorsqu'il se constitue l'apologiste de cette mesure ? Il n'y a selon lui que des archisophistes qui puissent la censurer. « Les » Asiatiques n'ont-ils pas employé des élé-
» phans à la guerre? La cavalerie n'est-elle
» pas usitée chez les nations d'Europe ? Si
» un homme étoit mordu par un chien en-
» ragé, se feroit-il scrupule de retrancher la
» partie attaquée pour épargner le tout, ect. »?
Mais qui sont les *mordans* et les *enragés*, sinon ceux qui, dévorés par l'avarice, foulant aux pieds dans les deux Mondes toutes les loix divines et humaines, ont arraché d'Afrique et opprimé en Amérique de malheureux esclaves. Il est donc vrai que toujours la soif de l'or, du pouvoir, rend les hommes féroces, altère leur raison et anéantit tout sentiment moral. Si les circonstances les forcent à être justes, ils vantent comme des bienfaits les actes que la nécessité leur arrache. Colons, si vous aviez été traînés hors de vos foyers pour subir le même sort qu'eux, à leur place que penseriez-vous ? que feriez-vous ? Bryant-Edwards avoit

peint les Nègres comme des tigres; il les avoit accusés d'avoir égorgé des prisonniers, des femmes enceintes, des enfans à la mamelle. Dallas, en le réfutant, se combat lui-même, et, sans le vouloir, détruit encore par les faits, les paralogismes allégués pour justifier l'emploi des chiens dévorateurs (1).

Plût à Dieu que les flots eussent englouti ces meutes antropophages, stylées et dirigées par des hommes contre des hommes. J'ai ouï assurer que, lors de l'arrivée des chiens de Cuba à Saint-Domingue, on leur livra, par manière d'essai, le premier Nègre qui se trouva sous la main. La promptitude avec laquelle ils dévorèrent cette curée, réjouit des tigres blancs à figure humaine.

Wimphen, qui écrivoit pendant la révolution, déclare qu'à Saint-Domingue les coups de fouet et les gémissemens remplaçoient le chant du coq (2). Il parle d'une femme qui fit jeter son cuisinier nègre dans un four, pour avoir manqué un plat de pâtis-

---

(1) *V.* ces horribles détails dans *Dallas*, t. II, lettre 9, p. 4 et suiv.

(2) *Wimphen*, t. I, p. 128.

serie. Avant elle, un planteur, nommé Chaperon, avoit fait la même chose (1).

Les innombrables dépositions faites à la barre du parlement britannique, ont dévoilé jusqu'à l'évidence les crimes des planteurs. De nouveaux développemens ont encore ajouté, s'il est possible, à cette évidence par la publication de l'ouvrage anonyme, intitulé: *les Horreurs de l'esclavage* (2), et plus récemment encore, par les *Voyages* de Pinckard (3) et de Robin (4). En lisant ce dernier, on voit que beaucoup de femmes créoles ont abjuré la pudeur et la douceur qui sont l'héritage patrimonial de leur sexe. Avec quelle effronterie cynique elles vont dans les marchés, *visiter*, acheter des Nègres nus, et

_____

(1) *V.* Voyage aux Indes occidentales, par *Bossu*, 1769, Amsterdam, p. 14.

(2) The Horrors of the negro slavery existing in our West-Indian islands, irrefragably demonstred from official documents recently presented to the house of Commons, in-8°, London 1805.

(3) *V.* Notes on the West-Indies, etc., by *G. Pinckart.*

(4) Voyage dans l'intérieur de la Louisiane, de la Floride, etc., par *Robin*, 3 vol. in-8°, Paris 1807.

qu'on transporte dans les ateliers sans leur donner de vêtemens; pour se couvrir, ils sont réduits à se faire des ceintures de mousse. Robin reproche encore aux femmes créoles de renchérir sur les hommes en cruauté. Les Nègres condamnés au fouet sont attachés face contre terre, entre quatre piquets. Elles voient sans émotion le sang ruisseler, et les longues lanières de peau se lever sur le corps de ces malheureux. Les Négresses enceintes ne sont pas exemptes de ce supplice; on prend seulement la précaution de creuser la terre dans l'endroit où doit être placé le ventre. Témoins journaliers de ces horreurs, les enfans blancs font leur apprentisage d'inhumanité en s'amusant à tourmenter les Négrillons (1). Et cependant, quoique le cri de l'humanité s'élève de toutes parts contre les forfaits de la traite et de l'esclavage; quoique le Danemarck, l'Angleterre, les Etats-Unis repoussent l'une et l'autre, on ose chez nous en solliciter le rétablissement (2), mal-

―――――――――――――

(1) V. T. I, p. 175 et suiv.
(2) Un anonyme a même publié un pamphlet sous ce titre : De la nécessité d'adopter l'esclavage en

gré les décrets rendus, et ces mots de la proclamation du Chef de l'Etat, aux Nègres de Saint-Domingue : « Vous êtes tous égaux » et libres devant Dieu et devant la République ».

Ces pamphlétaires parlent sans cesse des malheureux colons, et jamais des malheureux Noirs. Les planteurs répètent que le sol des colonies a été arrosé de leurs sueurs, et jamais un mot sur les sueurs des esclaves. Les colons peignent avec raison comme des monstres les Nègres de Saint-Domingue, qui usant de coupables représailles, ont égorgé des Blancs, et jamais ils ne disent que les Blancs ont provoqué ces vengeances, en noyant des Nègres, en les faisant dévorer par des chiens. L'érudition des colons est riche de citations en faveur de la servitude; personne mieux qu'eux ne connoît la tactique du despotisme. Ils ont lu dans Vinnius, que l'air rend esclave ; dans Fermin, que l'esclavage n'est pas contraire à la loi natu-

---

France, comme moyens de prospérité pour les colonies, de punition pour les coupables, etc., in-8°, Paris 1797.

relle (1); dans Beckford, que les Nègres sont esclaves par nature (2). Ce Hilliard-d'Auberteuil, que les ingrats colons firent périr dans un cachot, parce qu'il fut soupçonné d'affection pour les Mulâtres et Nègres libres, avoit écrit : « L'intérêt et la sûreté » veulent que nous accablions les Noirs d'un » si grand mépris que quiconque en descend » jusqu'à la sixième génération, soit couvert » d'une tache ineffaçable (3) ». Barre-Saint-Venant regrette qu'on ait détruit l'opinion de la supériorité du Blanc (4). Félix Carteau, auteur des *Soirées Bermudiennes*, met en axiome cette *inaltérable suprématie*

---

(1) *V.* Dissertation sur la question, s'il est permis d'avoir en sa possession des esclaves, et de s'en servir comme tels dans les colonies de l'Amérique, par *Philippe Fermin*, in-8°, Mastrich 1776.

(2) *V.* Descriptive account of the island of Jamaica, etc., by *Will. Beckford*, 2 vol. in-8°, London 1790, t. II, p. 382.

(3) *V.* Considérations sur l'état présent de la colonie française de Saint-Domingue, par *H. D. L. (Hilliard-d'Auberteuil)*, in-8°, Paris 1777, t. II, p. 73 et suiv.

(4) *V.* Colonies modernes, etc.

de l'espèce blanche, cette *prééminence* qui est le *palladium de notre espèce* (1). Il attribue la ruine de Saint-Domingue à *l'orgueil et aux prétentions prématurées des gens de couleur*, au lieu de l'attribuer à l'orgueil et aux prétentions immodérées des Blancs. « L'auteur d'un Voyage à la Loui-
» siane, vers la fin du dernier siècle, veut
» perpétuer l'heureux préjugé qui fait mé-
» priser le Nègre comme destiné à être es-
» clave (2) ». Cuirassés de ces blasphèmes, ils demandent impudemment qu'on forge de nouveaux fers pour les Africains. L'écrivain qui a publié « *l'Examen de l'esclavage en
» général, et particulièrement de l'escla-
» vage des Nègres dans les colonies fran-
» çaises* », semble croire que les Nègres ne reçoivent la vie qu'à condition d'être asservis, et il prétend qu'eux-mêmes voteroient

---

(1) *V.* Les Soirées Bermudiennes, ou Entretien sur les événemens qui ont opéré la ruine de la partie française de Saint-Domingue, par *F. C.*, un de ses précédens colons, in-8°, Bordeaux 1802, p. 60 et 66.

(2) *V.* Voyage à la Louisiane et sur le continent de l'Amérique, par *B. D.*, in-8°, Paris 1802, p. 147 et 191.

pour l'esclavage (1). Il regrette le temps où l'ombre du Blanc faisoit marcher les Nègres. Prédicateur de l'ignorance, il ne veut pas que le peuple s'instruise, et il honore de sa critique Montesquieu, qui a osé ridiculiser l'infaillibilité des colons. Belu, qui veut ramener ce régime abhorré, déclare qu'à coups de fouets on lacéroit les Nègres ; on prévenoit, dit-il, les suites de ce déchirement en versant sur les plaies une espèce de saumure, qui étoit un surcroît de douleur, et qui guérissoit promptement (2). Ce fait est concordant avec ce qu'on vient de lire sur Batavia. Mais rien n'égale ce qu'a écrit dans ses prétendus *Égaremens du négrophilisme* (3), un nommé de Lozières, qu'il faut considérer seulement comme insensé, pour se dispenser de croire pis. « Il as- » sure textuellement que l'inventeur de la » traite mériteroit des autels (4) ; que par

---

(1) *V.* Examen, etc., par *V. D. C.*, ancien avocat colon de Saint-Domingue, 2 vol. in-8°, Paris 1802.

(2) Des colonies et de la traite des Nègres, par *Belu*, in-8°, Paris, an 9.

(3) In-8°, Paris 1803.

(4) *V.* p. 22.

» l'esclavage on fait des hommes dignes du
» ciel et de la terre (1) ». Il convient toutefois que des capitaines négriers ayant des esclaves attaqués de maladies cutanées, ce qui pourroit nuire à la vente de leur cargaison, leur donnent des drogues pour répercuter ces humeurs, dont le développement plus tardif produit ensuite des ravages horribles (2).

Les esclaves sont presqu'entièrement livrés à la discrétion des maîtres. Les loix ont fait tout pour ceux-ci, tout contre ceux-là qui, frappés de l'incapacité légale, ne peuvent pas même être admis en témoignage contre les Blancs. Si un Nègre tente de fuir, le code noir de la Jamaïque laisse au tribunal la faculté de le condamner à mort (3).

Depuis quelques années, des réglemens moins féroces substitués dans le code de cette île, prouvent par là même combien les anciens étoient horribles; et cependant les nouveaux, qui sont encore un attentat con-

---

(1) Egaremens du négrophilisme, p. 110.
(2) *Ibid.*, p. 102.
(3) V. *Long* t. II, p. 489.

tre la justice, sont-ils exécutés? Dallas, qui les cite, confesse que dans la pratique il reste à faire beaucoup d'améliorations (1). Cet aveu laisse à douter si ces déterminations récentes sont autre chose qu'une dérision législative pour fermer la bouche aux réclamations des philantropes; car les Blancs font toujours cause commune contre tout ce qui n'est pas de leur couleur. D'ailleurs la cupidité trouvera mille moyens d'éluder la loi. Il en est de même aux Etats-Unis, où, malgré la prohibition de la traite, des marchands négriers vont charger à la côte d'Afrique des cargaisons de Noirs qu'ils vendent dans les colonies espagnoles. Ils viendroient même ou relâcher, ou vendre dans les ports de l'*Union*, s'ils ne redoutoient la vigilance inflexible de ces estimables Quakers, toujours prêts à dénoncer aux magistrats des infractions attentatoires à la loi et aux principes de la nature.

Aux Barbades, comme à Surinam, celui qui volontairement et par cruauté, tue un esclave, s'acquitte en payant 15 liv. sterl.

---

(1) V. *Dallas*, t. II, p. 416.

au trésor public (1). Dans la Caroline du sud l'amende est plus forte, elle est de 5o liv. ; mais un journal américain nous apprend que ce crime y est absolument impuni, puisque l'amende n'est jamais payée (2).

Si l'existence des esclaves est à peu près sans garantie, leur pudeur est livrée sans réserve à tous les attentats de la brutale lubricité. John Newton, qui, après avoir été employé neuf ans à la traite, est devenu ministre anglican, fait frissonner les ames honnêtes, en déplorant les outrages faits aux Négresses, « quoique souvent on admire en » elles des traits de modestie et de délica- » tesse dont une Anglaise vertueuse pourroit » s'honorer (3) ».

Tandis que dans les colonies françaises, anglaises et hollandaises, la loi ou l'opinion repoussoit les mariages mixtes à tel point, que les Blancs qui en contractoient étoient

––––––––––

(1) *V.* Remarks on the slave trade, in-4°, 1788, p. 125.

(2) *V.* The Litterary magasine and american register, in-8°, Philadelphie 1803, p. 36.

(3) *V.* Thoughts upon slavery, p. 20 et suiv.

réputés *mésalliés*, les Portugais et les Espagnols formoient une exception honorable; et dans leurs colonies, le mariage catholique affranchit. Il n'est pas surprenant que Barré-Saint-Venant se récrie contre cette disposition (1) religieuse, puisqu'il ose censurer le décret à jamais célèbre par lequel Constantin facilita les affranchissemens (2). Qu'est-il résulté des loix prohibitives, surtout en ce qui concerne les mariages ? Le libertinage a éludé la loi ou franchi le préjugé : c'est ce qui arrivera toutes les fois que les hommes voudront contrarier la nature.

Je laisse aux physiologistes le soin de développer les avantages du croisement des races, tant pour l'énergie des facultés morales, que pour la constitution physique, comme à l'île Sainte-Hélène, où il a produit une magnifique variété de Mulâtres. Je laisse aux moralistes et aux politiques qui devroient partir des mêmes principes, et qui souvent sont diamétralement opposés, à peser les résultats de l'opinion qui croit déshonorant

---

(1) *Barré-Saint-Venant*, p. 92.
(2) *Ibid.*, p. 120 et 121.

d'avoir pour épouse légitime une Négresse, lorsqu'il ne l'est pas de l'avoir pour concubine. Joel Barlow voudroit, au contraire, que ces mariages mixtes fussent favorisés par des primes d'encouragement : les Nègres ni les Mulâtres ne peuvent jamais augmenter la caste blanche ; tandis que celle-ci augmente journellement celle des Mulâtres ; le résultat inévitable est que les Mulâtres finissent par être les maîtres. Fondé sur cette observation, Robin croit que la démarcation de couleur est le fléau des colonies, et que Saint-Domingue seroit encore dans sa splendeur, si l'on eût suivi la politique espagnole, qui n'exclut pas les sang-mêlés des alliances et des autres avantages sociaux (1).

On accuse les Nègres d'être vindicatifs. Comment ne le seroient pas des hommes vexés, trompés sans cesse, et par là même provoqués à la vengeance ? On pourroit en citer des milliers de preuves : bornons-nous à un seul fait. A Surinam, le Nègre *Baron*, adroit, instruit et fidèle, est amené en Hollande par son maître, qui lui promet la liberté

---

(1) *V*. T. I, p. 28.

au retour : malgré cette promesse, en abordant Surinam, *Baron* est vendu ; il refuse obstinément de travailler, on le fait fustiger aux pieds de la potence ; il s'échappe, se joint aux Marrons, et devient l'ennemi implacable des Blancs.

On a suivi ce système tortionnaire contre les esclaves, jusqu'au point de s'opposer à ce qu'ils développent, en aucune manière, leur intelligence. Un réglement de la Virginie défend de leur enseigner à lire ; à l'un de ces hommes il en a coûté la vie pour l'avoir su. Il vouloit que les Africains entrassent en partage des bienfaits que promettoit la liberté américaine, et il étayoit sa réclamation du premier des articles de la *Déclaration des droits*, l'argument étoit sans réplique. En pareil cas, dans l'impossibilité de réfuter, l'inquisition incarcère les gens qu'autrefois elle eût fait brûler. Toutes les tyrannies ont des traits de ressemblance. Le Nègre fut pendu. Certes il avoit raison ce bon Thomas Day, quand, dédiant à J. J. Rousseau la troisième édition de son *Nègre mourant*, il reprochoit aux Américains du sud de préconiser la liberté, tandis que sans remords ils pactisoient avec leur conscience pour conserver l'esclavage. On ne pouvoit le pendre comme le Nègre, on ne pouvoit le réfuter; on se borna à déclamer, en disant qu'il avoit écrit une *philippique* (1).

Dans le gouvernement de ce bas monde, la force ne devroit intervenir que lorsque la raison l'invoque; malheureusement celle-ci est presque toujours réduite à se taire devant la puissance : « N'est-il pas honteux de par-
» ler en philosophe, et d'agir en despote; de
» faire de beaux discours sur la liberté, et
» d'y joindre pour commentaire une oppres-
» sion actuelle...... Un axiome politique est
» que le système législatif doit être en har-
» monie avec les principes du gouvernement.
» Cette harmonie a-t-elle lieu dans une cons-
» titution réputée libre, si l'on autorise la
» servitude »? Ainsi s'exprimoit, en 1789, à l'assemblée représentative du Maryland, William Pinkeney, dans un discours où la profondeur du raisonnement est parée des richesses de l'érudition et des grâces du style,

---

(1) *V.* The *Dying negro* dans le *port-folio*, in-4°, de 1804, t. IV, n° 25, p. 194.

et qui honore également son esprit et son cœur (1).

L'usage des bourreaux fut toujours de calomnier les victimes; les marchands négriers et les planteurs ont nié ou atténué le récit des faits dont on les accuse. Ils ont même voulu faire parade d'humanité, en soutenant que tous les esclaves tirés d'Afrique étoient des prisonniers de guerre ou des criminels qui, destinés au supplice, devoient se féliciter d'avoir la vie sauve, et d'aller cultiver le sol des Antilles. Démentis par une foule de témoins oculaires, ils l'ont été de nouveau par ce bon John Newton, qui a résidé long-temps en Afrique; il ajoute : « Le respec- » table auteur du *Spectacle de la nature* » (Pluche), a été induit en erreur en assu- » rant que les pères vendent leurs enfans, et » les enfans leurs pères; jamais je n'ai ouï » dire en Afrique que cela eût lieu (2) ». Quand des milliers de témoignages ont prouvé

___

(1) *V*. The American Museum, or annual register for the year 1798, in-8°, Philadelphie 1798, p. 79 et suiv.

(2) *V*. Thoughts, etc., p. 31.

jusqu'à l'évidence la réalité des tourmens exercés sur les esclaves, et la barbarie des maîtres, ceux-ci ont nié que le Nègre fût susceptible de moralité et d'intelligence ; dans l'échelle des êtres, ils l'ont placé entre l'homme et la brute.

Dans cette hypothèse, on demanderoit encore si l'homme n'a que des droits à exercer, et pas de devoirs à remplir envers les animaux qu'il associe à son travail ; s'il ne blesse pas la religion et la morale en excédant de fatigue ces quadrupèdes malheureux, dont la vie n'est qu'un supplice prolongé. Des maximes touchantes à cet égard sont consignées dans les livres sacrés que révèrent également les Juifs et les Chrétiens (1). Un oiseau poursuivi par un épervier, se réfugie dans le sein d'un homme qui le tue ; l'aréopage le condamne à mort, cette peine étoit sans doute exagérée ; mais il viendra sans doute le moment où une police justement sévère, punira ces féroces charretiers, qui tous les jours, à Paris surtout, excédant

---

(1) *V.* Deutéronome XXVI, 6. Ire *Timoth.* V, 18, non *alligabis*, etc.

de fatigues et de coups, le plus utile des animaux domestiques, le cheval, que Buffon appelle la plus belle conquête de l'homme, accoutument le peuple à être insensible et cruel. Je me rappelle avec plaisir d'avoir lu au marché de Smith-Field, à Londres, le règlement qui décerne des amendes contre quiconque maltraiteroit inutilement des animaux.

Cette discussion se rattache à mon sujet; car si les principes de moralité s'étendent même aux rapports de l'homme avec les brutes, les Nègres, fussent-ils dépourvus d'intelligence, auroient encore des réclamations à exercer; mais si les recherches les plus approfondies sur l'organisation humaine prouvent que, malgré les différences de couleur jaune, cuivrée, noire et blanche, elle est une; si des vertus et des talens prouvent invinciblement que les Nègres, susceptibles de toutes les combinaisons de l'intelligence et de la morale, constituent, sous une peau différente, une espèce identique à la nôtre, combien paroîtront plus coupables ces Européens qui, foulant aux pieds les lumières, les sentimens répandus par le christianisme, et à sa suite, par la civilisation, s'acharnent sur les cadavres des malheureux Nègres dont ils sucent le sang pour en extraire de l'or !

Vingt ans d'expérience m'ont appris ce qu'opposent les marchands de chair humaine : à les entendre, il faut avoir vécu dans les colonies pour avoir droit d'opiner sur la légitimité de l'esclavage, comme si les principes immuables de la liberté et de la morale varioient suivant les degrés de latitude ; et quand on leur oppose l'accablante autorité d'hommes qui ont habité ces climats et même fait la traite, ils les démentent ou les calomnient. Ils auroient fini par dénigrer ce *Page* qui, après avoir été l'un des plus forcenés défenseurs de l'esclavage, chante la palinodie, et s'abandonne à des aveux si étranges, dans un ouvrage sur la restauration de Saint-Domingue, où il prend pour base la liberté des Noirs (1). Les planteurs s'obstinent à soutenir que dans les colonies, qui sont des pays agricoles, le premier des arts doit être

---

(1) *V.* Traité d'économie politique des colonies, par *Page*, Ire part., in-8°, Paris an 7 (v. st. 1798) ; IIe part., an 10 (v. st. 1801).

flétri par la servitude, sous prétexte que ce travail excède les forces de l'Européen, quoiqu'on leur allègue le fait irréfragable de la colonie d'Allemands, établie par d'Estaing, en 1764, à la Bombarde, près du Mole Saint-Nicolas, dont les descendans voyoient autour de leurs habitations des cultures prospères croître sous des mains libres. Ignore-t-on que les premiers défrichemens du sol colonial ont été faits par des Blancs, surtout par les manouvriers qu'on appeloit les *engagés de trente-six mois*? Niera-t-on que dans nos verreries et nos fonderies, on supporte une chaleur plus forte que celle des Antilles? Fût-il vrai que ces contrées ne puissent fleurir sans le secours des Nègres, il faudroit en tirer une conclusion très-différente de celles des colons; mais sans cesse ils appellent le passé à la justification du présent, comme si des abus invétérés étoient devenus légitimes. Parle-t-on de justice? ils répondent en parlant de sucre, d'indigo, de balance du commerce. Raisonne-t-on? ils disent qu'on déclame; redoutant la discussion, ils resassent tous les paralogismes, tous les lieux communs si rebattus et si souvent réfutés, par lesquels on voudroit étayer une mauvaise cause ? Fait-on un rappel aux cœurs sensibles ? ils ricanent. Ils ramènent nos regards sur les pauvres qui assiégent les Etats d'Europe, pour nous empêcher de les porter sur les malheureux que l'avarice persécute dans les autres parties du globe, comme si le devoir de donner aux uns emportoit l'interdiction de réclamer pour les autres. Quelle idée se font donc les planteurs de l'étendue des obligations morales ? Ils prétendent que nous négligeons l'amour des hommes par amour pour le genre humain : parce que nous ne pouvons soulager ceux qui nous entourent, que dans une mesure disproportionnée à leur nombre et à leurs besoins, on nous traduit comme coupables, lorsque nous élevons la voix en faveur de ceux qui, sous une peau de couleur différente, gémissent dans des contrées lointaines ? Tel est l'auteur B. D. du *Voyage à la Louisiane* (1). Tant qu'il y aura un être souffrant en Europe, ces Messieurs nous défendent de plaindre ceux qu'on

___

(1) V. p. 103 et suiv. C'est, je crois, Berquin Du-

tourmente en Afrique et en Amérique; ils s'indignent de ce qu'on trouble la jouissance des tigres dévorant leur proie; ils ont même tenté d'avilir la qualité de *philantrope*, ou ami des hommes, dont s'honore quiconque n'a pas abjuré l'affection pour ses semblables; ils ont créé les épithètes de *négrophiles* et *blancophages*, dans l'espérance qu'elles imprimeroient une flétrissure; ils ont supposé que tous les amis des Noirs étoient les ennemis des Blancs et de la France, que tous ils étoient soudoyés par l'Angleterre. L'auteur de cet ouvrage, accusé jadis d'avoir reçu 1,500,000 liv. pour écrire en faveur des Juifs, devoit avoir reçu 3,000,000 pour s'être constitué l'avocat des Nègres. Ne demandez pas si nos antagonistes n'ont pas encore employé d'autres armes que le sarcasme et la calomnie. Une souscription ouverte, dit-on, autrefois à Nantes, pour faire assassiner un *philantrope* qu'on avoit pendu en effigie au cap Français et à Jérémie, donne la mesure de ce que l'on peut gagner quand on plaide la cause de la justice et de l'infortune. Frapaolo-Sarpi disoit avec raison que si la peste avoit des bénéfices et des pensions à donner, elle trouveroit des apologistes, au lieu qu'en défendant les opprimés et les pauvres, comme il faut lutter contre la puissance, la richesse et la perversité, on ne peut se promettre que des impostures, des injures et des persécutions.

La cause des négriers est donc bien mauvaise, puisqu'aux raisonnemens ils opposent de tels moyens. Vengeons-nous d'une manière qui est la seule avouée par la religion; saisissons toutes les occasions de faire du bien aux persécuteurs comme aux persécutés.

On a calomnié les Nègres, d'abord pour avoir droit de les asservir, ensuite pour se justifier de les avoir asservis, et parce qu'on étoit coupable envers eux. Les accusateurs sont simultanément juges et exécuteurs, et ils se disent chrétiens ! Maintes fois ils ont tenté de dénaturer les livres saints, pour y trouver l'apologie de l'esclavage colonial, quoiqu'on y lise que tous les enfans du père céleste, tous les mortels se rattachent par leur origine à la même famille. La religion n'admet entre eux aucune différence ; si dans les temples des colonies, quelquefois, on vit les Noirs et les sang-mêlés relégués dans des places distinctes de celles des Blancs, et même séparément admis à la participation eucharistique, les pasteurs sont criminels d'avoir toléré un usage si opposé à l'esprit de la religion. C'est à l'église surtout, dit Paley, que le pauvre relève son front humilié, et que le riche le regarde avec respect; c'est là qu'au nom du ciel, le ministre des autels rappelle tous ses auditeurs à l'égalité primitive, devant un Dieu qui déclare ne faire acception de personne (1). Là, retentit l'oracle céleste qui ordonne de faire pour les autres ce que nous désirons pour nous mêmes (2).

A la religion chrétienne seule est due la gloire d'avoir mis le foible à l'abri du fort. Elle établit au quatrième siècle le premier hôpital en Occident (3); elle a travaillé per-

_____

(1) II. Paral. xix, 7. Eccles. xx, 24. Rom. ix, 11. Eph. vi, 9. Coloss. iii, 25. Jacob. ii, 1. I. Petri, i, 13.

(2) Math. vii, 12.

(3) V. Mémoire sur différens sujets de littérature, par Mongez, Paris 1780, p. 14; et *Commentatio de vi quam religio christiana habuit*, par Paetz, in-4°, Gottingue 1799, p. 112 et suiv.

sévèrement à consoler les malheureux, quels que fussent leur pays, leur couleur, leur religion. La parabole du Samaritain imprime aux persécuteurs le sceau de la réprobation (1) ; c'est l'anathème lancé à jamais contre quiconque voudroit exclure du cercle de la charité un seul individu de l'espèce humaine.

J'appelle l'attention du lecteur sur des vérités de fait, attestées par l'histoire ; c'est que le despotisme a communément l'impiété pour compagne ; les défenseurs de l'esclavage

---

(1) Les colons et leurs amis sont dans l'usage de répéter sans cesse les mêmes accusations, dont on a démontré, sans réplique, l'imposture. Ainsi Dupont, auteur d'un Voyage à la Terre-Ferme (t. I, p. 308) ; et Bryan-Edwards (the History civil and commercial of the British colonies, etc., London 1801, t. II, p. 44), répètent que Las-Casas, évêque de Chiappa, a usurpé l'honneur de la célébrité, et voté pour l'esclavage des Nègres. Il y a six ans que j'ai détruit cette calomnie ; mon Apologie de Las-Casas est imprimée dans les Mémoires de l'Institut national, classe des sciences morales et politiques, t. IV, p. 45 et suiv. J'y renvoie l'accusateur, en l'invitant à y répondre ? L'auteur du Voyage à la Louisiane, B. D., vient de reproduire la même imposture. V. p. 105 et suiv.

sont presque tous irréligieux ; les défenseurs des esclaves presque tous très-religieux.

Le témoignage non suspect d'auteurs protestans, parmi lesquels on compte Dallas, reproche à leur clergé de négliger l'instruction des Nègres ; et cette inculpation s'adresse particulièrement aux évêques de Londres qui, sous leur juridiction, ont les colonies occidentales (1). Mais ces écrivains s'épuisent en éloges des missionnaires catholiques, et de quelques sociétés de *Dissenters*, tels que les Moraves surtout à Antigoa, et les Quakers ou *amis*, chez lesquels l'amour du prochain n'est pas une stérile théorie. Tous ont développé un zèle infatigable, pour amener les esclaves au christianisme et à la liberté. En faveur des enfans noirs, des écoles gratuites ont été établies à Philadelphie et ailleurs, par les *amis* ; ceux-ci forment la majorité des comités disséminés dans les États-Unis pour l'abolition de l'esclavage ; ces comités députent à une *convention* ou assemblée centrale, qui se tient en janvier à

---

(1) V. *Dallas*, t. II, p. 427 et suiv.

Philadelphie pour le même objet (1). Les Quakers ont annuellement des réunions composées de représentans envoyés par leurs frères des diverses contrées. La session ne manque jamais, en terminant ses travaux, d'adresser à toute la secte une circulaire concernant les abus à combattre, les vertus à pratiquer, et toujours les esclaves noirs y sont recommandés à la charité.

A la suite des éloges donnés par Dallas aux prêtres catholiques, il a inséré sa correspondance avec l'archevêque actuel de Tours : le prélat remarque, avec raison, qu'ils ne bornent pas leurs devoirs à l'office liturgique et à la prédication; ils y compren-

---

(1) Je saisis avec plaisir cette occasion d'exprimer ma reconnoissance, 1º. aux présidens et secrétaires de ces conventions, qui, pendant plusieurs années, m'ont envoyé les procès-verbaux (Minutes of the proceding of, etc.) de leurs assemblées; 2º. à *Philips*, libraire à Londres, qui lors de mon séjour en Angleterre, m'a procuré, concernant la liberté des Noirs, divers opuscules rares et utiles; 3º. à l'excellent et savant Vanprat, bibliothécaire de la Bibliothèque impériale; que personne ne peut connoitre sans lui accorder son estime.

nent le soin des malades, l'éducation des enfans, la visite des familles (1). La religion catholique, plus qu'aucune autre, établit des rapports intimes et multipliés entre les pasteurs et leurs administrés. La pompe des cérémonies parle aux sens qui sont, si je puis m'exprimer ainsi, les portes de l'ame. D'après ces considérations, des écrivains protestans avouent, et Makintosch m'a répété, que les missionnaires catholiques sont bien autrement propres que les catholiques à faire des prosélytes parmi les Nègres, et à les consoler.

Lorsque, pour avoir droit d'égorger les pauvres Indiens, les premiers conquérans de l'Amérique feignoient de douter qu'ils fussent hommes, une bulle du pape flétrit ce doute, et les conciles du Mexique sont, à cet égard, un monument honorable pour le clergé de ces contrées. Dans un autre ouvrage (2), que je me propose de publier, on

---

(1) V. *Dallas*, p. 430 et suiv.

(2) Histoire de la liberté des Nègres, lue dans les séances de la classe des sciences morales et politiques de l'Institut national, en 1797.

ne lira pas sans attendrissement les décisions rendues contre l'esclavage des Nègres, par le collége des cardinaux (1) et par la Sorbonne (2). Dans son calendrier l'Eglise catholique a inséré plusieurs Noirs. S. Elesbaan, que les Nègres des dominations espagnoles et portugaises ont adopté pour patron. Sous la date du 27 octobre, on peut lire sa vie dans Baillet, connu par la sévérité de sa critique ; mais nous donnerons quelques détails sur un autre Noir, dont il n'a pas parlé ; c'est un frère lai, de l'ordre des Récollets.

Benoît de Palerme, nommé également Benoît de sainte *Philadelphie* ou de *santo Fratello*, Benoît le *Maure* et le saint *Noir*, étoit fils d'une Négresse esclave, et Nègre lui-même. Roccho Pirro, auteur de la *Sicilia sacra*, le caractérise en disant : « *Nigro quidem corpore sed candore animi præclarissimus quem et miraculis Deus contestatum esse voluit* ». Son corps étoit

---

(1) *V.* Dans la collection des Voyages d'*Astley*, t. II, p. 154 ; et *Benezet*, p. 50, etc.

(2) V. *Labat*, t. IV, p. 120.

noir,

noir, mais Dieu a voulu que des miracles attestassent la candeur de son ame (1). Les historiens célèbrent en lui, cet assemblage de vertus éminentes qui, contentes d'avoir Dieu seul pour témoin, se dérobent dans l'obscurité aux yeux des hommes, car elles sont silencieuses : le vice seul est bruyant, et communément un grand forfait cause plus de sensation dans le monde que mille bonnes actions. Quelquefois, cependant, soit édification, soit curiosité, les hommes tâchent de déchirer le voile modeste dont elles s'enveloppent, et c'est par là que Benoît le Maure ou le saint Noir, est échappé à l'oubli ; il décéda à Palerme, en 1589, où son corps et sa mémoire sont révérés. Ce culte, autorisé par le pape, en 1610, et plus particulièrement en 1743, par un décret de la congrégation des rits, qu'on peut lire dans Joseph-Marie d'Ancona, continuateur de Wading (2), obtiendra bientôt plus de solen-

_____

(1) V. *Sicilia sacra*, etc., *auctore* don. Roccho Pirro, edit. 3 ; studio Anton. Mongitores, 2 vol. in-fol., Panormi 1733, t. I, p. 207.

(2) *Annales Minorum*, etc., continuati à F. Jo.

6

nité, si, comme l'annonçoient les gazettes au commencement de 1807, on s'occupe de sa canonisation. Roccho Pirro, le P. Arthur (1), Gravina (2), et beaucoup d'autres écrivains, s'étendent en éloges sur le vénérable Benoît de Palerme. Mais dans nos bibliothèques, où malgré leur abondance, il y a tant de lacunes, je n'ai pu trouver sa vie écrite en italien par *Tognoletti*, en espagnol par *Mataplana*.

Les esclaves, en général, ont plus de moralité chez les Espagnols et les Portugais, parce qu'on les associe aux bienfaits de la civilisation, et qu'on ne les accable pas de travail. La religion s'interpose toujours entre eux, et les propriétaires qui résidant presque tous sur leurs habitations, voient par leurs propres yeux et non par ceux des ré-

---

Maria di Ancona, in-fol., 20 mai 1745, t. XIX, p. 201 et 202.

(1) V. *Martyrologium franciscanum cura et labore Arturi*, etc., in-fol., Paris 1638, p. 32.

(2) *Vox turturis seu de florenti ad usque nostra tempora sanctorum Benedicti, dominici, francisci*, etc., *religionum statu*, in-4°, *Coloniæ Agrippinæ* 1638, p. 88.

gisseurs. Au Brésil, les curés, constitués de droit les défenseurs des Nègres, peuvent forcer légalement des colons trop durs à les vendre ailleurs, et du moins ces esclaves courent la chance d'un mieux être.

Chez les Espagnols, les affranchissemens ne peuvent être refusés, en payant une somme fixée par la loi. Au moyen de leurs économies, les esclaves peuvent acheter un jour de chaque semaine, ce qui leur facilitant l'achat d'un second, d'un troisième, enfin de toute la semaine, leur donne la liberté complète.

En 1765, les papiers anglais citèrent, comme chose remarquable, l'ordination d'un Nègre, par le docteur Keppel, évêque d'Exeter (1). Chez les Espagnols, plus encore, chez les Portugais, c'est chose assez commune. L'histoire du Congo, parle d'un évêque noir, qui avoit fait ses études à Rome (2).

---

(1) *V.* Gentleman magazin, t. XXV, année 1765, p. 145.

(2) V. *Prevot*, Hist. générale des Voyages, t. V, p. 53.

Le fils d'un roi, et d'autres jeunes gens de qualité de ce pays, envoyés en Portugal, du temps du roi Emmanuel, y suivirent les universités avec distinction, et plusieurs d'entre eux furent promus au sacerdoce (1). Le gouvernement portugais a toujours insisté pour que le clergé séculier et régulier, de ses possessions en Asie, fut de Noirs. Le chapitre primatial de Goa, composé surtout de Blancs et de Mulâtres, avoit peu de Noirs, lorsque le missionnaire Perrin, qui vient de publier son voyage dans l'Indoustan, visita cette ville; mais il a soin d'observer que c'est une infraction au vœu prononcé du gouvernement (2).

A la fin du dix-septième siècle, l'escadre de l'amiral du Quesne vit aux îles du Cap-Vert, un clergé catholique nègre, à l'exception de l'évêque et du curé de Saint-Yago (3). De nos jours, Barrow, et Jacque-

---

(1) *V*. Histoire du Portugal, par *La Clede*, 2 vol. in-4°., Paris 1735, t. I, p. 594, 95.

(2) *V*. Voyage dans l'Indostan, par *Perrin*, in-8°, Paris 1807, t. I, p. 164.

(3) *V*. Journal d'un Voyage aux Indes orientales,

min, e cré évêque de Cayenne, ont trouvé le même état de choses (1).

Liancourt et cent autres Européens, ont visité, à Philadelphie, une église africaine, dont le ministre est pareillement un Nègre (2). Parkinson, écrivain postérieur à Liancourt, dit qu'il y a beaucoup de prédicateurs nègres, et que l'un d'eux est renommé pour son éloquence (3).

Si l'on considère que l'esclavage suppose tous les crimes de la tyrannie, et qu'il enfante communément tous les vices; que des vertus peuvent difficilement éclore parmi des hommes à qui l'on n'en tient aucun compte,

sur l'escadre de *du Quesne*, en 1690, etc., 3 vol. in-12, Rouen 1721; t. I, p. 193; et *Relation du Voyage et retour des Indes orientales, pendant les années 1690 et 1691, par Claude-Michel Bonchot-de-Chantassin, garde-marin, servant sur le bord de M. du Quesne*, etc., in-12, Paris, p. 30.

(1) *Barrow*, Voyage à la Cochinchine, t. I, p. 87.

(2) *V.* Voyage dans les Etats-Unis d'Amérique, par *la Rochefoucaut-Liancourt*, in-8°, Paris an 8, t. VI, p. 334.

(3) *V.* A tour in America, etc., by *Wil. Parkinson*, 2 vol. in-8°, London 1805, t. II, p. 459.

aigris par le malheur, entraînés à la corruption par l'exemple de tous les forfaits, repoussés de tous les rangs honorables ou supportables de la société, privés d'instruction religieuse et morale, constitués dans l'impossibilité d'acquérir des connoissances, sinon en luttant contre tous les obstacles qui s'opposent au développement de leur intelligence, on aura lieu d'être surpris que plusieurs se soient signalés par des qualités estimables. A leur place peut-être eussions-nous été moins bons que les bons d'entre eux, et pires que les mauvais. Les mêmes réflexions s'appliquent aux Parias du continent asiatique, vilipendés par les autres castes; aux Juifs de toutes couleurs (car il y en a aussi de noirs à Cochin) (1), dont l'histoire, depuis leur dispersion, n'est guère qu'une sanglante tragédie; aux catholiques irlandais, frappés comme les Nègres d'une es-

---

(1) Voyez sur cet objet une dissertation curieuse, en hollandais, dans le tome VI des Mémoires de la société de Flessingue. Verhandelingen vitgegeven door het zeeuwsch, genootschap der wetenschappen ta Vlissingen, etc.

pèce de code noir (the popery Law). Déjà on s'est permis une assimilation également outrageante pour les habitans de l'Afrique et de l'Irlande, en soutenant que tous étoient des hordes brutes, que partant incapables de se gouverner par eux-mêmes, ceux-ci comme les autres devoient être soumis irrévocablement au sceptre de fer, que depuis des siècles étend sur eux le gouvernement britannique (1). Cette tyrannie infernale existera jusqu'à l'époque, peu éloignée sans doute, où les braves enfans d'Erin releveront l'étendard de la liberté, avec la sublime invocation des Américains, appel à la justice du ciel, *an appel to heaven*. Ainsi, Irlandais, Juifs et Nègres, vos vertus, vos talens vous appartiennent; vos vices sont l'ouvrage de nations qui se disent chrétiennes; et plus on dit de mal de ceux-là, plus on inculpe celles-ci.

----

(1) *V.* Dans les *Pieces of irish history*, ouvrage intéressant, publié par *Mac-Nevem*, in-8°, New-York 1807, un morceau curieux, par *Emett*, son ami, intitulé: Part of an Essai towards the history of Ireland, p. 2. *V.* aussi les Memoirs of *Wll. Sampson*, in-8°, New-York 1807.

CHAPITRE III.

Qualités morales des Nègres. Amour du travail, courage, bravoure, tendresse paternelle et filiale, générosité, etc.

Les préliminaires, qu'on vient de lire, ne sont point étrangers à mon ouvrage, seulement ils sont une surabondance de preuves; car j'aurois pu aborder brusquement la question, et par une multitude de faits revendiquer l'aptitude des Nègres aux vertus et aux talens : les faits répondent à tout.

On accuse les Nègres d'être paresseux. Bosman, pour le prouver, dit « qu'ils sont » dans l'usage de demander, non pas, comment vous portez-vous ? mais comment avez-vous reposé(1)? » Ils ont pour maxime,

―――――――

(1) *V. Voyage en Guinée, par Bosman*, Utrecht 1705, p. 131.

qu'il vaut mieux être couché qu'assis, assis que debout, debout que marcher; et depuis que nous les rendons si malheureux, ils ajoutent le proverbe indien: Qu'être mort est encore préférable à tout cela. Cette accusation d'indolence, qui a quelque chose de vrai, est souvent exagérée : elle est exagérée dans la bouche de ces hommes habitués à manier un fouet sanglant pour conduire les esclaves à des travaux forcés : elle est vraie en ce sens, que des hommes ne peuvent pas avoir une grande propension au travail, soit lorsqu'il n'ont aucune propriété, pas même celle de leur personne, et que les fruits de leurs sueurs alimentent le luxe ou l'avarice d'un maître impitoyable, soit lorsque dans des contrées favorisées par la nature, ses productions spontanées, ou un travail facile fournissent abondamment à des besoins qui n'ont rien de factice. Mais Noirs ou Blancs, tous sont laborieux, quand ils sont stimulés par l'esprit de propriété, par l'utilité ou le plaisir. Tels sont les Nègres du Sénégal, qui travaillent avec ardeur, dit Pelletan, parce qu'ils sont sans inquiétude sur leurs possessions et leurs jouissances. Depuis la suppression de la traite, ajoute-t-il, les Maures ne font plus de courses sur les Nègres, les villages se reconstruisent et se repeuplent (1).

Tels les laborieux habitans d'Axim, sur la côte-d'or, que tous les voyageurs se plaisent à décrire (2). Les Nègres du pays de Boulam, que Beaver cite comme endurcis au travail (3); ceux du pays de Jagra, renommés par une activité, qui enrichit leur contrée (4); ceux de Cabomonte et de Fida ou Juida, cultivateurs infatigables, au dire de Bosman qui, certes, n'est pas trop prévenu en leur faveur: avares de leur sol, à peine laissent-ils de petits sentiers pour communiquer entre les diverses propriétés; ils récoltent aujourd'hui, le lendemain ils ensemencent la même terre sans la laisser reposer (5).

Les Nègres, trop sensibles à l'attrait du plaisir auquel ils résistent rarement,

---

(1) *V.* Mémoire sur la colonie française du Sénégal, par *Pelletan*, in-8°, Paris an 9, p. 69 et 81.

(2) V. *Prevot*, t. IV, p. 17.

(3) V. *Beaver*, p. 383.

(4) V. *Ledyard*, t. II, p. 332.

(5) V. *Bosman*, lettre 18.

savent, néanmoins, supporter la douleur avec un courage héroïque, et que peut-être il faut attribuer en partie à leur athlétique constitution. L'histoire retentit des traits de leur intrépidité, au milieu des plus horribles supplices; la cruauté des Blancs a multiplié les expériences à cet égard. Le regret de la vie pourroit-il exister, lorsque l'existence elle-même n'est qu'une calamité perpétuelle? On a vu des esclaves, après plusieurs jours de tortures non interrompues, aux prises avec la mort, converser froidement entre eux, et même rire aux éclats (1).

Un Nègre, condamné au feu à la Martinique, et très-passionné pour le tabac, demande une cigare allumée, qu'on lui place dans la bouche : il fumoit encore, dit Labat, lorsque déjà ses membres étoient attaqués par le feu.

En 1760, les Nègres de la Jamaïque s'insurgent, ayant Tucky à leur tête; leurs vainqueurs allument les bûchers, et tous les condamnés vont gaiement au supplice. L'un d'eux avoit vu de sang froid ses jambes ré-

---

(1) *Labat*, IV, p. 183.

duites en cendres; une de ses mains se dégage, parce que le brasier avoit consumé les liens qui l'attachoient; de cette main il saisit un tison, et le lance au visage de l'exécuteur (1).

Au dix-septième siècle, et lorsque la Jamaïque étoit encore soumise aux Espagnols, une partie des esclaves avoient reconquis leur indépendance, sous la conduite de Jean de Bolas. Leur nombre s'accrut, et ils devinrent formidables, quand ils eurent élu pour chef Cudjoe, dont le portrait est inséré dans l'ouvrage de Dallas. Cudjoe, également valeureux, habile et entreprenant, établit, en 1730, une confédération entre toutes les peuplades de Marrons, fit trembler les Anglais, et les réduisit à faire un traité, par lequel reconnoissant la liberté de ces Noirs, ils leur cèdent à perpétuité une portion du territoire de la Jamaïque (2).

L'historien portugais Barros dit, quelque part, que même aux soldats suisses, il pré-

---

(1) V. *Bryant-Edwards*, Hist. des Indes occidentales; et Bibliothèque britannique, t. XIX, p. 495 et suiv.

(2) V. Dallas, t. I, p. 25, 46, 60, etc.

féreroit des Nègres. Pour rehausser l'éloge de ceux-ci, il alloit prendre dans l'Helvétie le point de comparaison qui étoit à ses yeux le plus honorable. Parmi les traits de bravoure qu'a recueillis le P. Labat, un des plus signalés arriva lors du siége de Carthagène: toutes les troupes de ligne avoient été repoussées à l'attaque du fort de la Bocachique; les Nègres, amenés de Saint-Domingue, l'assaillirent avec une impétuosité qui força les assiégés à se rendre (1).

En 1703, les Noirs prirent les armes pour la défense de la Guadeloupe, et firent plus que le reste des troupes françaises. Dans le même temps ils défendirent la Martinique, contre les Anglais (2). On se rappelle la conduite honorable des Nègres et des sang-mêlés, au siége de Savannah, à la prise de Pensacola. Pendant notre révolution, incorporés aux troupes françaises, ils en ont partagé les dangers et la gloire.

---

(1) *Labat*, t. IV, p. 184.

(2) *V*. Le Mémoire pour le nommé *Roc*, Nègre, contre le sieur *Poupet*, par *Poncet de la Grave*, *Henrion de Pancey* et *de Foisi*; in-8º, Paris 1770, p. 14.

Il étoit Nègre ce prince africain Oronoko, vendu à Surinam. Madame Behn avoit été témoin de ses infortunes; elle avoit vu la loyauté et le courage des Nègres en contraste avec la bassesse et la perfidie de leurs oppresseurs. Revenue en Angleterre, elle composa son *Oronoko*. Il est à regretter que sur un canevas historique, elle ait brodé un roman. Le simple récit des malheurs de ce nouveau Spartacus, et de ses compagnons, eût suffi pour attendrir les lecteurs.

Il étoit Nègre ce Henri Diaz, préconisé dans toutes les histoires du Brésil, auquel Brandano (qui à la vérité n'étoit pas colon) accorde tant d'esprit et de sagacité. D'esclave, Henri Diaz devint colonel d'un régiment de fantassins de sa couleur. Ce régiment, composé de Noirs, existe encore dans l'Amérique portugaise, sous le nom de *Henri Diaz*. Les Hollandais, alors possesseurs du Brésil, en vexoient les habitans. A cette occasion La Clede se répand en réflexions sur l'impolitique des conquérans qui, au lieu de faire aimer leur domination, aggravent le joug, fomentent des haines, et amènent tôt ou tard des réactions funestes à ceux-ci, et utiles à la liberté des peuples. En 1637, Henri Diaz se joignit aux Portugais, pour chasser les Hollandais. Ceux-ci, assiégés dans la ville d'Arecise, ayant fait une sortie, furent repoussés avec grande perte, par le général nègre; il prit d'assaut un fort qu'ils avoient élevé à quelque distance de cette ville. A l'habileté dans la tactique, aux ruses de guerre par lesquelles il déconcertoit souvent les généraux hollandais, il joignoit le courage le plus audacieux. Dans une bataille où la supériorité du nombre faillit l'accabler, s'apercevant que quelques-uns de ses soldats commençoient à foiblir, il s'élance au milieu d'eux en criant : *Sont-ce là les vaillans compagnons de Henri Diaz?* Son discours et son exemple leur infuse, dit un historien, une nouvelle vigueur, et l'ennemi qui déjà se croyoit vainqueur, est chargé avec une impétuosité qui l'oblige à se replier précipitamment dans la ville. Henri Diaz force Arecise à capituler, Fernanbouc à se rendre, et détruit entièrement l'armée batave. Au milieu de ses exploits, en 1645, une balle lui perce la main gauche; afin de s'épargner les longueurs d'un pansement, il la fait couper, en disant que chaque doigt de la droite lui vaudra une main pour combattre. Il est à regretter que l'histoire ne nous dise pas où, quand et comment mourut ce général. Menezes exalte son expérience consommée, et s'extasie sur ces Africains tout à coup transformés en guerriers intrépides (1).

Il étoit homme de couleur cet infortuné Ogé, digne d'un meilleur sort, qui se sacrifia pour assurer à ses frères mulâtres et nègres libres, tous les avantages qu'on pouvoit se promettre du décret du 15 mai, rendu par l'assemblée constituante, décret qui, sans rien brusquer, eût graduellement amené dans

---

(1) *V.* Nova Lusitania, istoria de guerras Brasilicas, por *Francisco de Brito Freyre*, in-fol., Lisbon 1675, l. VIII, p. 610; et l. IX, n° 762. Istoria delle guerre di Portogallo, etc., di *Alessandro Brandano*, in-4°, Venezia 1689, p. 181, 329, 364, 393, etc.

Istoria delle guerre del regno del Brasile, etc., dal P. F. G. *Jioseppe*, di santa Theresa Carmelitano, in-fol., Roma 1698, I^e parte, p. 133 et 183; IIe parte, p. 103 et suiv.

Historiarum Lusitanarum libri, etc., autore Fernando de Menezes, comite Ericeyra, 2 vol. in-4°, Ulyssippone 1734, p. 606, 635, 675, etc. La Clede, histoire de Portugal, etc., *Passim.*

les colonies un ordre de choses conforme à la justice. Indigné de la perversité des colons, qui non-seulement empêchoient la publication de cette loi, mais qui avoient même surpris au gouvernement la défense d'embarquer des Nègres ou sang-mêlés, il prend la résolution de retourner aux Antilles. L'auteur de cet ouvrage, si souvent accusé de l'avoir engagé à partir, lui représente en vain qu'il faut temporiser, et ne pas compromettre par une démarche précipitée, le succès d'une cause si légitime; malgré ses avis, Ogé trouve moyen, en 1791, de repasser par l'Angleterre et le continent américain, à Saint-Domingue : il demande l'exécution des décrets; on repousse ses réclamations dictées par la raison, et sanctionnées par l'autorité nationale; les partis s'aigrissent, on en vient aux mains; Ogé est livré perfidement par le gouvernement espagnol. Son procès s'instruit en secret, comme dans les tribunaux de l'inquisition; il demande un défenseur, on le lui refuse : treize de ses compagnons sont condamnés aux galères, plus de vingt au gibet; Ogé avec Chavanne à la roue. On poussa l'acharnement jusqu'à met-

7

tre de la distinction entre le lieu du supplice des Mulâtres et celui des Blancs. Dans un rapport où ces faits sont discutés avec impartialité, après avoir justifié Ogé, Garran conclut par ces mots : « On ne pourra refuser des larmes à sa cendre, en abandonnant ses bourreaux au jugement de l'histoire (1) ».

Il étoit homme de couleur ce Saint-George qu'on appeloit le *Voltaire* de l'équitation, de l'escrime, de la musique instrumentale. Reconnu pour le premier entre les amateurs, on le plaçoit dans le second ou le troisième rang parmi les compositeurs ; quelques *concertos* de sa façon sont encore estimés. Quoiqu'il fût le héros de la gymnastique, etc. etc. il est difficile de croire avec ses admirateurs, qu'il tiroit à balle franche sur une balle lancée en l'air, et l'atteignoit.

Selon le voyageur Arndt, ce nouvel Alcibiade étoit le plus beau, le plus fort, le plus aimable de ses contemporains; d'ailleurs

―――――――――――――――――――――

(1) *V.* Rapport sur les troubles de Saint-Domingue, par *Garran*, 4 vol. in-8°, Paris an 6 (v. st. 1798), t. II, p. 63 et suiv. p. 73.

généreux, bon citoyen, bon ami (1). Tout ce qu'on appelle gens du bon ton, c'est-à-dire, gens frivoles, le regardoient comme un homme accompli ; c'étoit l'idole des sociétés d'agrémens. Lorsqu'il *tira* avec la chevalière d'Eon, ce fut presque une affaire d'Etat, parce qu'alors l'Etat étoit nul pour le public. Quand Saint-George, cité comme la plus forte épée connue, devoit faire des armes ou de la musique, la gazette l'annonçoit aux oisifs de la capitale. Son archet, son fleuret faisoient accourir tout Paris. Ainsi autrefois on affluoit à Séville quand la confrérie des Nègres, qui n'a pas été détruite, mais qui n'existe plus faute de sujets, formoit, à certains jours de fêtes, de brillantes cavalcades où ils faisoient des évolutions et des tours d'adresse (2).

Je ne crois pas, comme Malherbe, qu'un

────────────

(1) *V.* Bruch-Stücke einer reise durch Frankreich im frühling und sommer 1799, von *Ernst Moritz Arndt*, 3 vol. in-8°, Leipzi 1802, t. II, p. 36 et 37.

(2) Note communiquée par mon ami de *Lasteyrie*, qui a fait en Espagne plusieurs voyages scientifiques dont on attend l'impression, et qui justifieront les espérances du public.

bon joueur de quilles vaille autant qu'un bon poëte ; mais tous les talens aimables valent-ils un talent utile ? Quel dommage qu'on n'ait pas dirigé les heureuses dispositions de Saint-George vers un but qui lui eût mérité l'estime et la reconnoissance de ses concitoyens ! Hâtons-nous cependant de rappeler, qu'enrôlé sous les drapeaux de la république, il servit dans les armées françaises.

Il étoit Mulâtre cet Alexandre Dumas, qui avec quatre cavaliers attaqua, près de Lille, un poste de cinquante Autrichiens, en tua six, et fit seize prisonniers. Longtemps il commanda une légion à cheval, composée de Noirs et de sang-mêlés, qui étoient la terreur des ennemis... A l'armée des Alpes, il monta au pas de charge le Saint-Bernard, hérissé de redoutes, s'empara des canons qu'il dirigea sur le champ contre l'ennemi. D'autres déjà ont raconté les exploits qui l'ont signalé en Europe et en Afrique, car il fut de l'expédition d'Égypte. A son retour, il eut le malheur de tomber entre les mains du gouvernement napolitain, qui, pendant deux ans, le retint dans les fers avec Dolomieu. Alexandre Dumas, général de division, nommé par l'Empereur, l'Horatius-Coclès du Tyrol, est mort en 1807.

Il est Nègre ce Jean Kina de Saint-Domingue, partisan d'une mauvaise cause, lorsqu'il a combattu contre la liberté des hommes de sa couleur; mais qui, renommé pour sa bravoure, reçut à Londres un accueil si distingué. Le gouvernement britannique vouloit lui confier le commandement d'une compagnie de sang-mêlés, destinés à protéger les quartiers éloignés de la colonie de Surinam. En 1800 il repasse aux Antilles : un dédain humiliant lui rappelle qu'il est affranchi, son cœur s'indigne; il excite une insurrection pour protéger ses frères contre les colons qui faisoient avorter les Négresses à force de travail, et vouloient vendre les Nègres libres; bientôt il est pris, renvoyé à Londres, et renfermé à Newgate (1).

Il étoit Nègre ce Mentor, né à la Martinique en 1771. Fait prisonnier en se battant contre les Anglais, à la vue des côtes d'Oues-

---

(1) V. L'ouvrage intitulé : Paris, t. XXXI, p. 405 et suiv.

sant, il s'empare du bâtiment qui le conduisoit en Angleterre, et l'amène à Brest. A la plus heureuse physionomie réunissant l'aménité du caractère et un esprit fin que la culture avoit perfectionné, on l'a vu occuper le siége législatif à côté de l'estimable Tomany. Tel étoit Mentor, dont la conduite postérieure a peut-être profané ces brillantes qualités; il a été tué à Saint-Domingue.

Il avoit porté les chaînes de l'esclavage ce Toussaint-Louverture, étant hattier sur l'habitation Breda, au gérenr de laquelle il envoya des secours pécuniaires. Tant de preuves ont mis en évidence sa bravoure et celle de Rigaud, général mulâtre, son compétiteur, que personne ne la conteste. Sous ce rapport, Toussaint est comparable au Cacique Henri, dont on peut lire la vie dans Charlevoix. J'ai eu communication d'un manuscrit intitulé : *Réflexions sur l'état actuel de la colonie de Saint-Domingue, par Vincent, ingénieur.* Voici le portrait qu'il trace du général nègre :

« Toussaint, à la tête de son armée, se
» trouve l'homme le plus actif et le plus in-
» fatigable dont on puisse se faire une idée.

» L'on peut rigoureusement dire qu'il est
» partout où un jugement sain et le danger
» lui font croire que sa présence est néces-
» saire. Le soin particulier de toujours trom-
» per sur sa marche les hommes mêmes dont
» il a besoin, et auxquels on croit qu'il ac-
» corde une confiance qui n'est cependant à
» personne, fait qu'il est également attendu
» tous les jours dans les chefs-lieux de la
» colonie. Sa grande sobriété, la faculté
» donnée à lui seul de ne jamais se reposer,
» l'avantage qu'il a de reprendre le travail
» du cabinet après de pénibles voyages, de
» répondre à cent lettres par jour, et de las-
» ser habituellement cinq secrétaires, en font
» un homme tellement supérieur à tout ce
» qui l'entoure, que le respect, la soumis-
» sion pour lui vont jusqu'au fanatisme dans
» le très-grand nombre de têtes. L'on peut
» même assurer, qu'aucun individu aujour-
» d'hui n'a pris sur une masse d'hommes
» ignorans le pouvoir qu'a pris le général
» Toussaint sur ses frères ».

L'ingénieur Vincent ajoute que Toussaint
est doué d'une mémoire prodigieuse; qu'il
est bon père, bon époux; que ses qualités

civiques sont aussi sûres que sa vie politique est astucieuse et coupable.

Toussaint rétablit le culte à Saint-Domingue, et son zèle lui avoit mérité l'épithète de *capucin*, de la part de gens à qui on pouvoit en donner une autre. Avec moi, il entretint une correspondance dont le but étoit d'obtenir douze ecclésiastiques vertueux. Plusieurs partirent sous la direction de l'estimable évêque Mauviel, sacré pour Saint-Domingue, qui se dévouoit généreusement à cette mission pénible. Toussaint, égaré par les suggestions de quelques moines dissidens, lui suscita des tracasseries, quoiqu'il eût précédemment félicité la colonie, de son arrivée, par une proclamation solennelle. Que Toussaint ait été cruel, hypocrite et traître, ainsi que les Nègres et Mulâtres associés à ses opérations, je ne prétends pas le nier; mais les Blancs....... Ne jugeons pas une cause sur l'audition d'une seule partie. Un jour peut-être les Nègres écriront, imprimeront à leur tour, ou l'impartialité guidera la plume de quelque Blanc. Les faits récens sont, dit-on, le domaine de l'adulation et de la satire. Tandis que des gens le peignent, sans restriction, sous des couleurs odieuses, par un autre excès Whitchurch; dans son poëme d'*Hispaniola*, en fait un héros (1). Quoique Toussaint soit mort, la postérité qui rectifie, casse ou confirme les jugemens des contemporains, n'est peut-être pas encore arrivée pour lui.

Terminons ce chapitre par un trait extrêmement curieux que fournit le courage d'un Nègre.

Le pape Pie II, voulant punir Cantelino, duc de Sora, envoya contre lui une armée sous les ordres du général Napoléon, de la famille des Ursins, qui déjà s'étoit distingué par ses exploits en commandant les troupes vénitiennes. Napoléon s'empare de la ville de Sora, mais il éprouve une résistance opiniâtre de la citadelle, défendue par sa position sur un rocher très-élevé, dans une île du Garillan. Après plusieurs jours de siège, une tour s'écroule sous le ravage des bombes. Alors un *Nègre*, qui, après avoir été domestique du général, étoit devenu sol-

---

(1) *V.* Hispaniola a poem, by *Samuel Whitchurch*, in-12, London 1805.

dat, dit à ses camarades : La citadelle est à nous, suivez-moi. Il jette avec force sa lance sur les ruines de la tour, se déshabille, franchit les eaux à la nage, reprend son arme et monte à l'assaut. Son exemple est imité d'une foule de soldats dont deux périssent entraînés par le courant ; tous gravissent à sa suite. Les assiégés accablés de douleur, le sont plus encore de honte d'être vaincus par une troupe de soldats, tous nus et dirigés par un Nègre. Ce fait très-vrai paroîtra invraisemblable à la postérité, dit l'historien Gobellin (1), qui mérite, ainsi que le P. Tuzii (2), le reproche d'avoir tu le nom de ce valeureux Africain, auquel on dut la conquête de la citadelle.

---

(1) V. *Pii secundi, pontificis maximi, commentarii*, etc., *a* Joan. Gobellino *compositi*, etc., *in-*4°, *Roma* 1584, lib. v, p. 259 ; et lib. xii, p. 575 et seq. On prétend que ces commentaires ont été composés par Pie II lui-même, et que *Gobellin* n'a été que prête-nom.

(2) *V.* Memorie istoriche massimamente sacre della citta di Sora, dal *padr. Fr. Tuzii*, in-4°, Roma 1727, part. II, lib. vi, p. 116 et seq.

CHAPITRE IV.

Continuation du même sujet.

La loyauté est la compagne inséparable de la véritable bravoure; les faits qui suivent mettront en parallèle à cet égard les Blancs et les Noirs. Le lecteur équitable tiendra la balance.

Les Nègres marrons de Jacmel ont, durant près d'un siècle, épouvanté Saint-Domingue. Le plus impérieux des gouverneurs, Bellecombe, fut obligé, en 1785, de capituler avec eux; ils n'étoient cependant que cent vingt-cinq hommes de la partie française, et cinq de la partie espagnole; c'est le planteur Page qui nous le répète (1). A-t-on

---

(1) *V.* Traité d'économie politique et de commerce des colonies, etc., par *Page*, in-8°, II° partie, Paris 1802, p. 27.

jamais ouï dire qu'ils ayent violé la capitulation, ces hommes contre lesquels on ordonnoit des battues comme on en fait contre les loups ?

En 1718, lorsqu'on étoit en pleine paix avec les Caraïbes noirs de Saint-Vincent, qui sont connus pour être braves jusqu'à la témérité, et plus actifs, plus industrieux que les Caraïbes rouges, on dirigea contre ceux de la Martinique une expédition injuste, et qui échoua : au lieu de s'irriter, l'année suivante ils eurent l'indulgence d'acquiescer à la paix; ces traits, dit Chanvalin, ne se lisent pas dans l'histoire des nations civilisées (1).

En 1726, les Marrons de Surinam, que la férocité des colons avoit portés au désespoir, conquirent leur liberté, et forcèrent leurs oppresseurs à traiter avec eux de peuple à peuple; ils observèrent religieusement les conventions. Les colons méritent-ils le même éloge? Après de nouvelles querelles, ceux-ci voulant négocier la paix, demandent

---

(1) *V.* Voyage à la Martinique, par *Chanvalin*, in-4°, p. 39 et suiv.

une conférence aux Nègres, qui l'accordent, et stipulent pour préliminaire, qu'on leur enverra, parmi beaucoup d'objets utiles, de bonnes armes à feu et des munitions. Deux commissaires hollandais partent avec leur escorte, et se rendent au camp des Nègres : le capitaine Boston, qui les commandoit, s'aperçoit que les commissaires n'apportent que des bagatelles, des ciseaux, des peignes, de petits miroirs, mais point d'armes à feu, ni de poudre ; d'une voix de tonnerre il leur dit : Les Européens pensent-ils que les Nègres n'ont besoin que de peignes et de miroirs ? un seul de ces meubles nous suffit à tous ; au lieu qu'un seul baril de poudre offert par les Hollandais, eût prouvé la confiance qu'on avoit en nous.

Les Nègres cependant, loin de céder au sentiment d'une légitime indignation contre un gouvernement qui manquoit à ses engagemens, lui accordent une année pour délibérer et choisir la paix ou la guerre. Ils fêtent de leur mieux les commissaires, leur prodiguent une bienveillance hospitalière, et les renvoient en leur rappelant, que les colons de Surinam étoient eux-mêmes les artisans de leurs désastres par l'inhumanité avec laquelle ils traitoient leurs esclaves (1). Stedman, à qui nous devons ces détails, ajoute que les champs de cette république de Noirs sont couverts d'ignames, de maïs, de plantaniers et de manioc.

Tous les auteurs qui, sans préjugé, parlent des Nègres, rendent justice à leur naturel heureux et à leurs vertus. Il est même des partisans de l'esclavage à qui la force de la vérité arrache des aveux en leur faveur. Tels sont, 1°. l'historien de la Jamaïque, Long, qui admire chez plusieurs un excellent caractère, un cœur aimant et reconnoissant; chez tous la tendresse paternelle et filiale portée au suprême degré (2).

2°. Duvallon, qui par le récit des malheurs de la pauvre et décrépite Irrouba, est sûr d'attendrir son lecteur et de faire exécrer le colon féroce dont elle avoit été la mère nourricière (3).

_____

(1) *Stedman*, t. I, p. 88 et suiv.
(2) V. *Long*, t. II, p. 416.
(3) *V.* Vue de la colonie espagnole, etc., en 1802, par *Duvallon*, in-8°, Paris 1803, p. 268 et suiv. « Al-

Les mêmes vertus éclatent dans ce que racontent des Nègres, Hilliard-d'Auberteuil, Falconbridge, Grandville-Sharp, Benezet,

---

lons voir la centenaire, dit quelqu'un de la compagnie, et l'on s'avança jusqu'à la porte d'une petite hutte où je vis paroître, l'instant d'après, une vieille Négresse du Sénégal, décrépite au point qu'elle étoit pliée en double, et obligée de s'appuyer sur les bordages de sa cabane, pour recevoir la compagnie assemblée à sa porte, et en outre presque sourde, mais ayant encore l'œil assez bon. Elle étoit dans le plus extrême dénuement, ainsi que le témoignoit assez tout ce qui l'entouroit, ayant à peine quelques haillons pour la couvrir, et quelques tisons pour la rechauffer, dans une saison dont la rigueur est si sensible pour la vieillesse, et pour la caste noire surtout. Nous la trouvâmes occupée à faire cuire un peu de riz à l'eau pour son souper, car elle ne recevoit de ses maîtres aucune subsistance réglée, ainsi que son grand âge et ses anciens services le requéroient. Elle étoit, au surplus, abandonnée à elle-même, et dans cet état de liberté que la nature, épuisée en elle, avoit obligé ses maîtres à lui laisser, et dont en conséquence elle lui étoit plus redevable qu'à eux. Or il faut apprendre au lecteur, qu'indépendamment de ses longs services, cette femme, presque centenaire, avoit anciennement nourri de son lait deux enfans blancs, parvenus à une parfaite croissance, et morts avant elle, les propres frères d'un de

Ramsay, Horneman, Pinkard, Robin, etc., et surtout Clarkson, qui, ainsi que Willberforce, s'est immortalisé par ses ouvrages et son zèle dans la défense des Africains. George

---

ses maîtres qui se trouvoit alors avec nous. La vieille l'aperçut, et l'appelant par son nom, en le tutoyant (suivant l'usage des Nègres de Guinée), avec un air de bonhomie et de simplesse vraiment attendrissant : Eh bien! quand feras-tu, lui dit-elle, réparer la couverture de ma cabane? il y pleut comme dehors. Le maître leva les yeux et les dirigea sur le toit, qui étoit à la portée de la main. J'y songerai, dit-il. — Tu y songeras! tu me dis toujours cela, et rien ne se fait. — N'as-tu pas tes enfans? (deux Nègres de l'atelier, ses petits-fils), qui pourroient bien arranger la cabane. — Et toi, n'es-tu pas leur maître, et n'es-tu pas mon fils toi-même? Tiens, ajouta-t-elle, en le prenant par le bras et l'introduisant dans sa cabane, entre et vois-en par toi-même les ouvertures; aye donc pitié, mon fils, de la vieille Irrouba, et fais au moins réparer le dessus de son lit; c'est tout ce qu'elle te demande, et le bon Dieu te le rendra. Et quel étoit ce lit? Hélas! trois ais grossièrement joints sur deux traverses, et sur lesquels étoit étendue une couche de cette espèce de plante parasite du pays, nommée *barbe-espagnole*. Le toit de ta cabane est entr'ouvert, a bise et la pluie fouettent sur ta misérable couche, et ton maître voit tout cela, et il y est insensible! Pauvre Irrouba!

Robert,

Robert, navigateur anglais, pillé par un corsaire son compatriote, se réfugie à l'île Saint-Jean, l'une de l'archipel du Cap-Vert; il est secouru par les Nègres. Un pamphlétaire anonyme qui n'ose nier le fait, tâche d'en atténuer le mérite, en disant que l'état de George Robert auroit touché un tigre (1). Durand préconise la modestie, la chasteté des épouses négresses, et la bonne éducation des Mulâtres à Gorée (2). Wadstrom, qui se loue beaucoup de leur accueil, leur croit une sensibilité affectueuse et douce, supérieure à celle des Blancs. Le capitaine Wilson, qui a vécu chez eux, vante leur constance en amitié; ils pleuroient à son départ.

Des Nègres de Saint-Domingue, par attachement avoient suivi à la Louisiane, leurs maîtres, qui les ont vendus. Ce fait, et le suivant, que j'emprunte de Robin, sont des matériaux pour comparer, au moral, les Noirs et les Blancs.

---

(1) *V.* De l'esclavage en général, et particulièrement, etc., p. 180.

(2) *V.* Voyage au Sénégal, par *Durand*, in-4°, Paris 1802, p. 568 et suiv.

Un esclave avoit fui ; le maître promet douze piastres à qui le ramenera. Il est ramené par un autre Nègre qui refuse la récompense, et demande seulement la grâce du déserteur. Le maître l'accorde, et garde les douze piastres. L'auteur du voyage pense que le maître avoit l'ame d'un esclave, et le Nègre l'ame d'un maître (1).

Pour la bonté naturelle des Nègres, après tant d'autres témoins incontestables, on peut encore citer le respectable Niebuhr, qui, dans le Musée allemand (2), s'exprime ainsi :

« Le caractère des Nègres, surtout quand
» on les traite raisonnablement, est fidélité
» envers leurs maîtres et bienfaiteurs. Les
» négocians mahométans à Kahira, Dsjidda,
» Surate et ailleurs, achètent volontiers des
» enfans noirs, auxquels ils font apprendre
» l'écriture et l'arithmétique : leur com-
» merce est presque exclusivement dirigé par
» ces esclaves, qu'ils envoient pour établir
» leurs comptoirs dans les pays étrangers.

---

(1) V. *Robin*, t. II, p. 203 et suiv.
(2) *V*. Deutsches Museum, 1787, t. I, p. 424.

» Je demandois à l'un de ces négocians, com-
» ment il pouvoit livrer des cargaisons en-
» tières à un esclave? Il me répondit : Mon
» Nègre m'est fidèle; mais je n'oserois con-
» fier mon négoce à des commis blancs, ils
» s'éclipseroient bientôt avec ma fortune ».
Blumenbach, qui m'envoie ce passage,
ajoute : Ainsi, on pourroit appliquer à nos
protégés les pauvres Nègres, ces mots de
Saint Bernard : *Felix nigredo, quæ mentis
candore imbuta est* (1).

Le docteur Newton raconte qu'un jour il
accusoit un Nègre de fourberie et d'injustice ; celui-ci lui répond avec fierté : Me
prenez-vous pour un Blanc (2)? Il ajoute
que sur les bords de la rivière Gabaon, les
Nègres sont la meilleure espèce d'hommes
qu'il ait connus (3). Ledyard rend le même
témoignage aux Foulahs, dont le gouvernement est absolument paternel (4).

(1) Lettre de M. *Blumenbach*, du 6 février 1808,
à M. l'évêque Grégoire, sénateur, etc.

(2) *V.* Thoughts upon te African slave trade, p. 24.

(3) *V.* An Abstract of the evidence, etc., p. 91
et suiv.

(4) V. *Ledyard*, t. II, p. 340.

Dans une histoire de Loango, on lit que si les Nègres, habitans des côtes, et fréquentant les Européens, sont enclins à la fourberie, au libertinage, ceux de l'intérieur sont humains, obligeans, hospitaliers (1). Cet éloge est répété par Golberry. Il se récrie contre la présomption avec laquelle les Européens méprisent et calomnient ces nations, que nous appelons si légérement *sauvages*, chez lesquelles on trouve des hommes vertueux, vrais modèles de tendresse filiale, conjugale et paternelle, qui connoissent tout ce que la vertu a d'énergique et de délicat ; chez qui les impressions sentimentales sont très-profondes, parce qu'ils sont plus que nous voisins de la nature, et qui savent sacrifier l'intérêt personnel à l'amitié. Golberry en fournit diverses preuves (2).

L'auteur anonyme des *West indian eclogues* (3) dut la vie à un Nègre qui, pour la

---

(1) *V.* Histoire de Loango, par *Proyart*, 1776, in-8°, Paris, p. 59 et suiv. ; p. 73.

(2) *V.* Fragment d'un Voyage en Afrique, par *Golberry*, 2 vol. in-8°, Paris 1802, t. II, p. 391 et suiv.

(3) In-4°, London 1787.

lui sauver, perdit la sienne. Pourquoi le poëte qui, dans une note, rapporte cette circonstance, n'y a-t-il pas consigné le nom de son libérateur ?

Adanson, qui visita le Sénégal en 1754, et qui en parle comme d'un élysée, en trouva les Nègres très-sociables, et d'un excellent caractère. Leur aimable simplicité, dans ce pays enchanteur, me rappeloit, dit-il, l'idée des premiers hommes ; il me sembloit voir le monde à sa naissance (1). En général, ils ont conservé l'estimable bonhomie des mœurs domestiques ; ils se distinguent par beaucoup de tendresse envers leurs parens, beaucoup de respect pour la vieillesse, vertu patriarchale et presqu'inconnue parmi nous (2). Ceux qui sont mahométans contractent une certaine alliance avec ceux qui ont été circoncis à la même époque, et se regardent comme frères. Ceux qui sont chrétiens conservent toute leur vie une vénération particulière pour leurs parrains et marraines.

---

(1) *Adanson*, p. 31 et 118. *V.* aussi Lamiral l'*Afrique, et le peuple africain*, p. 64.
(2) *Demanet*, p. 11.

Ces mots rappellent une institution sublime que la philosophie envioit dernièrement au christianisme ; cette espèce d'adoption religieuse répand sur les enfans des relations d'amour et de bienfaisance qui, dans le cas éventuel et malheureusement trop fréquent, où, en bas âge, ils perdroient les auteurs de leurs jours, prépare aux orphelins des conseils et un asile.

Robin parle d'un esclave à la Martinique, qui ayant gagné de quoi se racheter, préféra de racheter sa mère (1). L'outrage le plus sanglant qu'on puisse faire à un Nègre, c'est de maudire son père ou sa mère (2), ou d'en parler avec mépris. Frappez-moi, disoit un esclave à son maître, mais ne maudissez pas ma mère (3). C'est de Mungo-Park que j'emprunte ce fait et le suivant. Une Négresse ayant perdu son fils, son unique consolation étoit de penser que cet enfant n'avoit jamais dit un mensonge (4). Casaux raconte qu'un

───────────

(1) V. *Robin*, t. I, p. 204.
(2) V. *Long*, t. II, p. 416.
(3) *V.* Voyage dans l'intérieur de l'Afrique, par *Mungo-Park*, t. II, p. 8 et 10.
(4) *Ibid.*, p. 11.

Nègre voyant un Blanc maltraiter son père, enleva vîte l'enfant de ce brutal, de peur, dit-il, qu'il n'apprenne à imiter ta conduite.

La vénération des Noirs pour leurs aïeux les suit par delà les bornes de la vie; ils vont s'attendrir sur la cendre de ceux qui ne sont plus. Un voyageur nous a conservé l'anecdote d'un Africain qui recommandoit à un Français de respecter les sépultures. Qu'eût pensé le premier s'il avoit pu croire qu'un jour elles seroient profanées dans toute la France, chez une nation qui se dit civilisée?

Les Noirs, au rapport de Stedman, sont si bienveillans les uns envers les autres, qu'il est inutile de leur dire : *Aimez votre prochain comme vous-mêmes* (1). Les esclaves du même pays surtout, ont un penchant marqué à s'entr'aider. Hélas! presque toujours les malheureux n'ont rien à espérer que de ceux auxquels ils sont associés par l'infortune.

Plusieurs Marrons avoient été condamnés à être pendus; on offre la grâce à l'un d'eux, à condition qu'il sera l'exécuteur. Il refuse;

---

(1) *Stedman*, t. III, p. 66.

il aime mieux mourir. Le maître nomme un de ses esclaves pour le remplacer..... Attendez que je me prépare..... Il va dans la case, prend une hache, se coupe le poing; revient au maître, et lui dit : Exige maintenant que je sois le bourreau de mes camarades (1).

Dickson nous a conservé le fait suivant. Un Nègre avoit tué un Blanc; un autre homme accusé du crime alloit être mis à mort. « Le meurtrier va se déclarer à la jus» tice, parce qu'il ne pourroit supporter le » remords d'avoir causé à deux individus la » perte de la vie ». L'innocent est relâché, et le Nègre est envoyé au gibet, où il resta vivant six à sept jours.

Le même Dickson a vérifié que sur cent vingt mille, tant Nègres que sang-mêlés, à la Barbade, dans le cours de trente ans, on n'a ouï parler que de trois meurtres de la part des Nègres, quoiqu'ils fussent souvent provoqués par la cruauté des planteurs (2).

---

(1) *V*. Le Bonnet de Nuit, par *Mercier*, t. II, article *Morale*.

(2) Dickson, *Letters on slavery*, 1789, p. 20 et suiv.

Je doute qu'on puisse trouver beaucoup de résultats pareils, en compulsant les greffes des tribunaux criminels de l'Europe.

La reconnoissance des Noirs, ajoute Stedman, les porte à s'exposer à la mort pour sauver leurs bienfaiteurs (1). Cowry raconte qu'un esclave portugais ayant fui dans les bois, apprend que son maître est traduit en jugement pour cause d'assassinat; le Nègre se constitue prisonnier en place du maître, donne des preuves fausses, mais judiciaires, de son prétendu crime, et subit la mort à la place du coupable (2).

Le Journal de littérature, par Grosier, a recueilli des détails attendrissans sur un Nègre de du Colombier, propriétaire dans les colonies, résidant près de Nantes. L'esclave étoit devenu libre; mais le maître étoit devenu pauvre. Le Nègre vendit tout ce qu'il avoit pour le nourrir. Quand cette ressource fut épuisée, il cultiva un jardin dont il vendoit les produits pour continuer cette bonne œuvre. Le maître tombe

---

(1) *Stedman*, t. III, p. 70 et 76.
(2) *Cowry*, p. 27.

malade; le Nègre, malade lui-même, déclare qu'il ne s'occupera de sa santé que quand le maître sera guéri; mais ce bon Africain succombe de fatigues, et après vingt ans de services gratuits meurt, en 1776, en léguant à du Colombier le peu qui lui restoit (1).

On connoît trop peu l'anecdote de Louis Desrouleaux, Nègre, pâtissier à Nantes, puis au Cap, où il avoit été esclave d'un nommé Pinsum, de Bayonne, capitaine négrier. Ce capitaine, revenu en France avec de grandes richesses, s'y ruine; il repasse à Saint-Domingue : ceux qui se disoient ses amis lorsqu'il étoit opulent, daignent à peine le reconnoître. Louis Desrouleaux, qui avoit acquis de la fortune, les supplée tous; il apprend le malheur de son ancien maître, s'empresse de le chercher, le loge, le nourrit, et cependant lui propose d'aller vivre en France, où son amour propre ne sera pas mortifié par l'aspect des ingrats qu'il a faits. Mais je n'ai rien pour vivre en France....

---

(1) *V.* Journal de littérature, des sciences et des arts, t. III, p. 188 et suiv.

15,000 francs annuels vous suffiront-ils?....
Le colon pleure de joie; le Nègre lui passe le contrat, et la pension a été payée jusqu'à la mort de Louis Desrouleaux, arrivée en 1774.

S'il étoit permis d'intercaler ici un fait étranger à mon sujet, je citerois la conduite des Indiens envers l'évêque Jacquemin, qui a été vingt-deux ans missionnaire à la Guyane. Ces Indiens, qui l'aimoient tendrement, le voyant dénué de tout lorsqu'on cessa de payer les pasteurs, vont le trouver et lui disent : Père, tu es âgé, reste avec nous, nous chasserons pour toi, nous pêcherons pour toi.

Et comment ces hommes de la nature seroient-ils ingrats envers leurs bienfaiteurs, lorsqu'ils sont bienfaisans même envers leurs oppresseurs? Dans la traversée on a vu des Noirs enchaînés, partager leur triste et chétive nourriture avec les matelots (1).

Une maladie contagieuse avoit fait périr le capitaine, le contre-maître et la plupart

---

(1) *Stedman*, t. I, p. 270.

des matelots d'un vaisseau négrier ; ce qui restoit étant insuffisant pour la manœuvre, les Nègres s'y emploient ; par leur secours le vaisseau arrive à sa destination, ensuite ils se laissent vendre (1).

Les philantropes d'Angleterre aiment à citer ce bon et religieux Joseph Rachel, Nègre libre aux Barbades, qui s'étant enrichi par le négoce, consacra toute sa fortune à faire du bien. Les malheureux, quelle que fût leur couleur, avoient des droits sur son cœur ; il distribuoit aux indigens, prêtoit à ceux qui pouvoient rendre, visitoit les prisonniers, leur donnoit des conseils, tâchoit de ramener les coupables à la vertu. Il est mort en 1758, à Bridgetown, pleuré des Noirs et des Blancs (2).

Les Français doivent bénir la mémoire de Jasmin Thoumazeau ; né en Afrique en 1714, il fut vendu à Saint-Domingue en 1736. Ayant obtenu la liberté, il épousa une Négresse de la Côte-d'Or, et fonda au Cap, en 1756, un hospice pour les pauvres Nègres

---

(1) *Stedman*, t. I, p. 270.
(2) *Dickson*, p. 180.

et sang-mêlés. Pendant plus de quarante ans, avec son épouse, il s'est voué à leur soulagement, et leur a consacré tous ses soins et sa fortune. La seule peine qu'ils éprouvassent au milieu des malheureux auxquels leur charité prodiguoit des secours, étoit l'inquiétude qu'après eux l'hospice ne fût abandonné. En 1789, le cercle des Philadelphes du Cap, et la société d'agriculture de Paris, décernèrent des médailles à Jasmin (1), qui est mort vers la fin du siècle.

Moreau-Saint-Méry, et une foule d'autres écrivains, nous disent que les Négresses et les Mulâtresses sont recommandables par leur tendresse maternelle, par leur charité compatissante envers les pauvres (2). On en trouvera des preuves dans une anecdote qui n'a pas encore acquis toute la publicité dont elle est digne. Le voyageur Mungo-Park alloit périr de besoin au milieu de l'Afrique;

---

(1) Description de la partie française de Saint-Domingue, par *Moreau-Saint-Méry*, t. I, p. 416 et suiv.

(2) *Saint-Méry*, p. 44. Trois pages plus haut il loue en elles un extrême amour de la propreté.

une Négresse le recueille, le conduit chez elle, lui donne l'hospitalité, et assemble les femmes de sa famille qui passèrent une partie de la nuit à filer du coton, en improvisant des chansons pour distraire l'*homme blanc*, dont l'apparition dans ces contrées étoit une nouveauté : il fut l'objet d'une de ces chansons qui rappelle cette pensée d'Hervey, dans ses *Méditations : Je crois entendre les vents plaider la cause du malheureux* (1). Voici cette pièce : « Les vents mu-
» gissoient, et la pluie tomboit ; le pauvre
» homme blanc, accablé de fatigue, vient
» s'asseoir sous notre arbre ; il n'a pas de mère
» pour lui apporter de lait, ni de femme pour
» moudre son grain» ; et les autres femmes chantoient en cœur : « Plaignons, plaignons
» le pauvre homme blanc ; il n'a pas de mère
» pour lui apporter son lait, ni de femme
» pour moudre son grain (2) ».

Tels sont les hommes calomniés par Descroizilles, qui, en 1803, imprimoit que les

---

(1) *Hervey*, Méditat., p. 151.
(2) Voyages et découvertes dans l'intérieur de l'Afrique, par *Houghton* et *Mungo-Park*, p. 180.

affections sociales et les institutions religieuses, n'ont aucune prise sur leur caractère (1).

Aux traits de vertu pratiqués par des Nègres, aux témoignages honorables que leur rendent les auteurs, j'aurois pu en ajouter une multitude d'autres qu'on trouvera dans les dépositions officielles à la barre du Parlement d'Angleterre (2). Ce qu'on vient de lire suffit pour venger l'humanité et la vérité outragées.

Gardons-nous cependant d'une exagération insensée qui chez les Noirs voudroit ne trouver que des qualités estimables; mais nous autres Blancs, avons-nous droit d'être leurs dénonciateurs? Persuadé qu'il faut très-rarement compter sur la vertu et la loyauté des hommes, quelle que soit leur couleur,

---

(1) *V.* Essai sur l'agriculture et le commerce des îles de France et de la Réunion, in-8°, Rouen 1803, p. 37.

(2) Entre autres ouvrages on peut consulter *An Abstract of the evidence delivered before a select committee of the house of Commons, in the year 1790 and 1791*, in-8°, London 1701. *V.* surtout p. 91 et suiv.

j'ai voulu prouver que les uns ne sont pas originairement pires que les autres.

Une erreur presque générale, c'est d'appeler vertueux des individus qui n'ont, si je puis m'exprimer ainsi, qu'une moralité négative. La forme de leur caractère est indéterminée ; incapables de penser et d'agir par eux-mêmes, n'ayant ni le courage de la vertu, ni l'audace du crime, également susceptibles d'impressions louables et coupables, ils n'ont que des idées et des inclinations d'emprunt ; on nomme en eux bonté, douceur ce qui n'est réellement qu'apathie, foiblesse et lâcheté. Ce sont eux qui ont donné lieu à ce proverbe : *Il est des gens si bons qu'ils ne valent rien.*

Dans le tableau des faits honorables qu'on vient de présenter, on retrouve, au contraire, cette énergie (*vis, virtus*); qui fait des sacrifices pour pratiquer le bien, obliger les hommes, et agir conformément aux principes de la morale. Cette raison-pratique, qui est le fruit d'une intelligence cultivée, se manifeste encore sous d'autres rapports, quoique chez la plupart des Nègres la civilisation et les arts soient dans l'enfance.
Mais

Mais avant d'aborder cet article, je crois faire plaisir au lecteur en intercalant ici la notice biographique d'un Nègre, mort il y a douze ans, en Allemagne, où ses vertus délicates et ses brillantes qualités lui ont acquis de la réputation.

CHAPITRE V.

Notice biographique du Nègre Angelo Solimann.

Quoiqu'Angelo Solimann n'ait rien publié (1), il mérite une des premières places entre les Nègres qui se sont distingués par un haut degré de culture, par des connoissances étendues, et plus encore par la moralité et l'excellence du caractère.

---

(1) J'acquitte un devoir en révélant au public les noms des personnes à qui je dois la biographie de cet estimable Africain, dont le docteur *Gall* m'avoit parlé le premier. Sur la demande de mes concitoyens d'*Hautefort*, attaché ici aux relations extérieures, et *Dodun*, premier secrétaire de la légation française en Autriche, on s'empressa de satisfaire ma curiosité. Deux dames respectables de Vienne y mirent le plus grand zèle, Mad. *de Stief* et Mad. *de Picler*. On

Il étoit le fils d'un prince africain. Le pays soumis à la domination de celui-ci, s'appeloit *Gangusilang*; la famille, *Magni-Famori*. Outre le petit *Mmadi-Maké* (c'étoit le nom d'Angelo dans sa patrie), ses parens avoient un autre enfant plus jeune, une fille. Il se rappeloit avec quel respect on traitoit son père, entouré d'un grand nombre de serviteurs; il avoit, comme tous les enfans des princes de ce pays-là, des caractères empreints sur les deux cuisses, et long-temps il s'est bercé de l'espérance qu'on le chercheroit, et qu'on le reconnoîtroit par ces caractères. Les souvenirs de son enfance, de ses premiers exercices au tir de l'arc, dans lequel il surpassoit ses camarades; le souvenir des mœurs simples, et du beau ciel de sa patrie, se retraçoient souvent à son esprit

---

rassembla soigneusement les détails fournis par les amis de défunt Angelo. D'après ces matériaux, a été faite cette notice intéressante qu'on va lire. Dans la traduction française, elle perd pour l'élégance du style; car Mad. *de Picler*, qui l'a rédigée en allemand, possède le talent rare d'écrire également bien en prose et en vers. J'éprouve du plaisir en exprimant à ces personnes obligeantes ma juste reconnoissance.

avec un plaisir mêlé de douleur, même dans sa vieillesse; il ne pouvoit chanter, sans être profondément attendri, les chansons de sa patrie, que son heureuse mémoire avoit très-bien conservées.

Il paroît, d'après les réminiscences d'Angelo, que sa peuplade avoit déjà quelque civilisation. Son père possédoit beaucoup d'éléphans, et même quelques chevaux, qui sont rares dans ces contrées : la monnoie étoit inconnue, mais le commerce d'échange se faisoit régulièrement, et à l'enchère. On adoroit les astres; la circoncision étoit usitée; deux familles des Blancs demeuroient dans le pays.

Des auteurs qui ont publié leurs voyages, parlent de guerres perpétuelles entre des peuplades de l'Afrique, dont le but est, tantôt la vengeance, le brigandage, tantôt la plus honteuse espèce d'avarice, parce que le vainqueur mène les prisonniers au marché d'esclaves le plus voisin, pour les vendre aux Blancs. Une guerre de ce genre, contre la peuplade de *Mmadi-Maké*, éclata inopinément, à tel point, que son père ne soupçonnoit pas le danger. L'enfant, âgé de sept ans, étant un jour debout, à côté de sa mère qui allaitoit sa sœur, tout à coup on entend un épouvantable cliquetis d'armes, et des hurlemens de blessés ; le grand-père de *Mmadi-Maké*, se jette dans la cabane, saisi d'effroi, en criant : Voilà les ennemis. Fatuma se lève effarouchée, le père cherche à la hâte ses armes, et le petit garçon, épouvanté, s'enfuit avec la vîtesse d'une flèche. La mère l'appelle à grand cris : Où vas-tu *Mmadi-Maké?* L'enfant répond : *Là où Dieu veut.* Dans un âge avancé, il réfléchissoit souvent sur le sens important de ces paroles. Etant hors de la cabane, il tourne ses regards en arrière, et voit sa mère, et plusieurs des gens de son père, tomber sous les coups des ennemis. Il se tapit avec un autre garçon sous un arbre ; saisi d'effroi, il couvre ses yeux de ses mains. Le combat se prolonge ; les ennemis, qui se croyoient déjà victorieux, se saisissent de lui, et l'élèvent en l'air en signe de joie. A cet aspect, les compatriotes de *Mmadi-Maké* raniment leurs forces, et se rallient pour sauver le fils de leur roi ; le combat recommence, et pendant sa durée, l'enfant est toujours levé en l'air. Enfin, les ennemis restent vainqueurs, et décidément il est leur proie. Son maître l'échange contre un beau cheval, qu'un autre Nègre lui donne, et l'on mène l'enfant vers la place d'embarquement. Il y trouve beaucoup de ses compatriotes, tous comme lui prisonniers, tous condamnés à l'esclavage; ils le reconnoissent avec douleur, mais ils ne peuvent rien pour lui; on leur défend même de lui parler.

Les prisonniers, conduits sur de petits bâtimens, ayant atteint le rivage de la mer, *Mmadi-Maké* voyoit avec étonnement de grandes maisons flottantes, dont l'une le reçut avec son troisième maître; il présume que c'étoit un navire espagnol. Après avoir essuyé une tempête, ils débarquent sur une côte, et le maître promet à l'enfant de le conduire à sa mère. Celui-ci enchanté vit promptement évanouir son espérance, en trouvant, au lieu de sa mère, l'épouse de son maître, qui le reçut d'ailleurs très-bien, lui fit des caresses, et le traita avec beaucoup de bonté: le mari lui donna le nom d'André, lui ordonna de conduire les chameaux aux pâturages, et de les garder.

On ne peut dire de quelle nation étoit cet homme-là, ni combien de temps resta chez lui Angelo, qui est mort depuis douze ans; cette notice a été rédigée dernièrement d'après le récit de ses amis. Seulement on sait qu'après un assez long séjour, le maître lui annonça son dessein de le transporter dans une contrée, où il seroit mieux. *Mmadi-Maké* en fut très-content; la maîtresse se sépara de lui avec regret; on s'embarque, on arrive à Messine; il est conduit dans la maison d'une dame opulente qui, à ce qu'il paroît, s'attendoit à le recevoir; elle le traite avec beaucoup de bonté, lui donne un instituteur pour lui enseigner la langue du pays, qu'il apprend avec facilité : sa bonhomie lui concilie l'affection des nombreux domestiques, parmi lesquels il distingue une Négresse, nommée *Angelina*, à cause de sa douceur, et de ses bons procédés envers lui. Il tombe dangereusement malade; la marquise, sa maîtresse, a pour lui tous les soins d'une mère, au point qu'elle veille près de lui une partie des nuits. Les médecins les plus habiles sont appelés; son lit est entouré d'une foule de personnes qui attendent ses ordres. La marquise souhaitoit depuis longtemps qu'il fût baptisé : après des refus réitérés, un jour, dans sa convalescence, il demande lui-même le baptême; la maîtresse, extrêmement contente, ordonne les préparatifs les plus magnifiques. Dans un salon, on élève un dais richement brodé au-dessus d'un lit de parade; toute la famille, tous les amis de la maison sont présens ; on interpelle *Mmadi-Maké*, couché dans ce lit, sur le nom qu'il désire avoir : par reconnoissance et par amitié envers la Négresse *Angelina*, il veut être nommé *Angelo* : on accueille sa prière, et pour lui tenir lieu de nom de famille, on y joint celui de Solimann. Il célébroit annuellement le jour de son entrée dans le christianisme, le 11 septembre, avec des sentimens pieux, comme l'anniversaire de sa naissance.

Sa bonté, sa complaisance, son esprit juste, le rendoient cher à tout le monde. Le prince Lobkowitz, alors en Sicile en qualité de général impérial, fréquentoit la maison où demeuroit cet enfant ; il conçut pour lui une telle affection, qu'il fit les instances les plus vives pour qu'on le lui donnât. Cette demande fut combattue par la tendresse de la marquise envers Angelo; elle céda enfin à des considérations d'intérêt et de prudence qui lui conseilloient de faire ce présent au général. Que de larmes elle versa, en se séparant du petit Nègre qui entroit avec répugnance au service d'un nouveau maître !

Les fonctions du prince étoient incompatibles avec une longue résidence dans cette contrée; il aimoit Angelo, mais son genre de vie, et peut-être l'esprit de ce temps-là, furent cause qu'il prit très-peu de soin de son éducation. Angelo devenoit sauvage et colère; il passoit ses jours dans le désœuvrement, dans les jeux d'enfans. Un vieux maître d'hôtel du prince, connoissant son bon cœur et ses excellentes dispositions, malgré son étourderie, lui donna un instituteur, sous lequel Angelo apprit, dans l'espace de dix-sept jours, à écrire l'allemand : la tendre affection de l'enfant, ses progrès rapides dans toutes les branches d'instruction, récompensèrent le bon vieillard de ses soins.

Ainsi grandit Angelo dans la maison du prince. Il étoit de tous ses voyages, partagéant avec lui les périls de la guerre; il combattoit à côté de son maître, qu'un jour il emporta blessé, sur ses épaules, hors du champ de bataille. Angelo se distingua dans ces occasions, non-seulement comme serviteur et ami fidèle, mais aussi comme guerrier intrépide, comme officier expérimenté, surtout dans la tactique, quoiqu'il n'ait jamais eu de grade militaire. Le maréchal Lascy, qui l'estimoit beaucoup, fit, en présence d'une foule d'officiers, l'éloge le plus honorable de sa bravoure, lui fit présent d'un superbe sabre turc, et lui offrit le commandement d'une compagnie, qu'il refusa.

Son maître mourut. Par son testament il avoit légué Angelo au prince Wenceslas de Lichtenstein qui, depuis long-temps désiroit l'avoir. Celui ci demande à Angelo, s'il est content de cette disposition, et s'il veut venir chez lui. Angelo donne sa parole, et fait des préparatifs pour le changement nécessaire à sa manière de vivre. Dans l'intervalle, l'empereur François Ier le fait appeler, et lui fait la même offre, sous des conditions très-flatteuses. Mais la parole d'Angelo étoit sacrée; il reste chez le prince de Lichtenstein. Ici, comme chez le général Lobkowitz, il étoit le génie tutelaire des malheureux, il transmettoit au prince les prières de ceux qui cherchoient à obtenir quelque chose ; ses poches étoient toujours pleines de mémoires, de placets ; ne pouvant et ne voulant jamais demander pour lui, il remplissoit avec autant de zèle que de succès ce devoir en faveur des autres.

Angelo suivit son maître dans ses voyages, et à Francfort, lors du couronnement de l'empereur Joseph, comme roi des Romains. Un jour, à l'instigation de son prince, il tenta la fortune dans une banque de pharaon, et gagna vingt mille florins ; il offrit la revanche à son adversaire, qui perdit encore vingt-quatre mille florins; en lui offrant de nouveau la revanche, Angelo sut arranger le jeu si finement, que le perdant regagna cette dernière somme. Cet acte de délicatesse de la part d'Angelo, lui concilia l'admiration, et lui attira des félicitations sans nombre. Les faveurs passagères de la fortune ne l'éblouirent pas ; au contraire, se défiant de ses caprices, jamais il n'exposa plus de somme considérable. Il s'amusoit aux échecs, et avoit la réputation d'être, en ce genre, un des plus forts joueurs.

A l'âge de...... il épousa une veuve, madame de Cristiani, née Kellermann, Belge d'origine. Le prince ignoroit ce mariage; peut-être Angelo avoit-il des raisons pour le cacher : un événement postérieur a justifié son silence. L'empereur Joseph II, qui s'intéressoit vivement à tout ce qui concernoit Angelo, qui le distinguoit publiquement, même en prenant son bras dans les promenades, découvrit un jour, sans en prévoir les suites, le secret d'Angelo au prince de Lichtenstein. Celui-ci le fait appeler, le questionne ; Angelo avoue son mariage. Le prince lui annonce qu'il le bannit de sa maison, et raye son nom de son testament; il lui avoit destiné des diamans d'une valeur assez considérable, dont Angelo étoit paré quand il suivoit son maître les jours de gala.

Angelo, qui avoit demandé si souvent pour d'autres, ne dit pas un mot pour lui-même; il quitta le palais pour habiter dans un faubourg éloigné, une petite maison achetée depuis long-temps, et appropriée pour son épouse. Il vivoit avec elle dans cette retraite, jouissant du bonheur domestique. L'éducation la plus soignée de sa fille unique, madame la baronne d'Heüchtersleben qui n'existe plus, la culture de son jardin, la société de quelques hommes éclairés et vertueux, tels étoient ses occupations et ses délassemens.

Environ deux ans après la mort du prince Wenceslas de Lichtenstein, son neveu et héritier, le prince François, aperçoit Angelo dans la rue; il fait arrêter son carrosse, l'y fait entrer, lui dit que très-convaincu de son innocence, il est résolu de réparer l'iniquité de son oncle. Il assigne en conséquence à Angelo un traitement réversible après sa mort, comme pension annuelle, à madame Solimann. La seule chose que le prince demandoit d'Angelo, c'étoit d'inspecter l'éducation de son fils, Louis de Lichtenstein.

Angelo remplissoit ponctuellement les devoirs de cette nouvelle vocation, et se rendoit journellement chez le prince, pour veiller sur l'élève recommandé à ses soins. Le prince voyant que la longueur du chemin devoit être pénible pour Angelo, surtout quand le temps étoit mauvais, lui offrit une habitation. Voilà donc Angelo établi, pour la seconde fois, dans le palais Lichtenstein; mais il y mena sa famille; il y vivoit en retraite comme auparavant dans la société de quelques amis, dans celle des savans, et livré aux belles-lettres qu'il cultivoit avec zèle. Son étude favorite étoit l'histoire; son excellente mémoire l'aidoit beaucoup; il étoit en état de citer les noms, les dates, l'année de naissance de toutes les personnes illustres, et des principaux événemens.

Son épouse, qui languissoit depuis long-temps, se soutint encore quelques années, par les tendres soins d'un époux qui lui prodigua tous les secours de l'art; mais enfin elle succomba. Dès-lors Angelo fit des réformes dans son ménage; il n'invitoit plus d'amis à sa table; il ne buvoit que de l'eau pour en donner l'exemple à sa fille, dont l'éducation alors achevée étoit entièrement son ouvrage. Peut-être aussi vouloit-il, par une économie sévère, assurer la fortune de cette fille unique.

Angelo fit encore plusieurs voyages dans

un âge avancé, tantôt pour ses propres affaires, tantôt pour celles des autres, estimé et aimé partout : on se rappeloit ses actes de complaisance, et les bienfaits qu'il avoit répandus, à des époques déjà très-éloignées. Les circonstances l'ayant conduit à Milan, feu l'archiduc Ferdinand, qui en étoit gouverneur, le combla d'amitiés.

Il a joui, jusque vers la fin de sa carrière, d'une santé robuste; son extérieur présentoit à peine quelques symptômes de vieillesse, ce qui occasionnoit des bévues et des disputes amicales; car souvent des personnes qui ne l'avoient pas vu depuis vingt ou trente ans, le prenoient pour son propre fils, et le traitoient d'après cette erreur.

Attaqué d'un coup d'apoplexie dans la rue, à l'âge de soixante et quinze ans, on s'empressa de lui donner des secours qui furent inefficaces. Il mourut le 21 novembre 1796, regretté de tous ses amis, qui ne peuvent penser à lui sans attendrissement, et sans verser des larmes. L'estime de tous les hommes de bien l'a suivi dans le tombeau.

Angelo étoit d'une stature moyenne, svelte et bien proportionnée; la régularité de ses traits, et la noblesse de sa figure, formoient par leur beauté un contraste avec les idées défavorables qu'on a communément de la physionomie des Nègres ; une souplesse extraordinaire dans tous les exercices du corps, donnoit à son maintien, à ses mouvemens de la grâce et de la légéreté : à toute la délicatesse de la vertu unissant un jugement sain, relevé par des connoissances étendues et solides, il possédoit six langues, l'italien, le français, l'allemand, le latin, le bohémien, l'anglais, et parloit surtout avec pureté les trois premières.

Comme tous ses compatriotes, il étoit né avec un caractère impétueux ; sa sérénité inaltérable et sa douceur, étoient conséquemment d'autant plus respectables, qu'elles étoient le fruit de combats difficiles, et de beaucoup de victoires remportées sur lui-même. Il ne lui échappoit jamais, même quand on l'avoit irrité, aucune expression inconvenante. Angelo étoit pieux sans être superstitieux ; il observoit exactement tous les préceptes de la religion, et ne croyoit pas qu'il fût au-dessous de lui, de donner en cela l'exemple à sa famille. Sa parole, et ce qu'il qu'il avoit résolu après de mûres réflexions, étoient immuables, et rien ne pouvoit le détourner de son dessein. Il conserva toujours le costume de son pays ; c'étoit une espèce d'habit fort simple, à la turque, et presque toujours d'une blancheur éblouissante, qui relevoit avec avantage la couleur noire et brillante de sa peau. Son portrait, gravé à Ausbourg, se trouve dans la galerie de Lichtenstein.

CHAPITRE VI.

Talens des Nègres pour les arts et métiers. Sociétés politiques organisées par les Nègres.

Bosman, Brue, Barbot, Holben, James-Lyn, Kiernau, Dalrymple, Towne, Wadstrom, Falconbridge, Wilson, Clarkson, Durand, Stedman, Mungo-Park, Ledyard, Lucas, Houghton, Horneman (1), qui tous connoissent les Noirs, qui, presque tous, ont vécu en Afrique, rendent témoignage à leurs talens industriels; et Moreau Saint-Méry les croit capables de réussir dans les

---

(1) *V.* Abstract of the evidence, etc., p. 89. *Clarkson*, p. 125. *Stedman*, c. XXVI. *Durand*, p. 368 et suiv., etc., etc. Histoire de Loango, par *Proyart*, p. 107. *Mungo-Park*, t. II, p. 35, 39 et 40, etc.

arts mécaniques et libéraux (1). Compulsez les auteurs qu'on vient de citer, ouvrez l'Histoire générale des Voyages par Prevôt, l'Histoire universelle par des Anglais, les dépositions faites à la barre du parlement ; tous parlent de la dextérité avec laquelle les Nègres tannent et teignent les cuirs, préparent l'indigo et le savon, font des cordages, de beaux tissus, de belles poteries, quoiqu'ils ne connoissent pas l'usage du tour ; des armes blanches et des instrumens aratoires d'une bonne qualité, de très-beaux ouvrages en or, en argent, en acier; ils excellent surtout dans le filigrane (2). Un des traits le plus frappans, est l'adresse avec laquelle des Nègres parviennent à construire une ancre de vaisseau (3). A Juida, ils font d'un seul morceau d'ivoire de très-belles cannes qui ont près de deux mètres de longueur (4).

---

(1) *V.* Description topographique de Saint-Domingue, t. I, p. 90.

(2) V. *Prevot*, t. I, p. 3, 4 et 5, etc., éd. in-4°. Hist. univers, t. XVII, c. VII, etc. *Beaver*, p. 327.

(3) V. *Prevot*, t. II, p. 421.

(4) *V.* Description de la Nigritie, par *P. D. P.* (*Pruneau de Pomme Gouje*), in-8°, Paris 1789.

Dickson, qui a connu parmi eux des orfèvres et des horlogers habiles, parle avec admiration d'une serrure en bois, exécutée par un Nègre (1).

Dans une savante Dissertation sur les briques flottantes des anciens, par Fabbroni, je trouve ce passage : « Comment concevoir » la manière dont les anciens habitans de » l'Irlande et des Orcades, pouvoient construire des tours de terre, et les cuire sur » place ? C'est cependant ce que quelques » Nègres de la côte d'Afrique pratiquent » encore (2).

Golberry, qui s'étend plus que les autres voyageurs sur l'industrie africaine, reconnoît que les étoffes fabriquées par eux, sont d'une finesse et d'une beauté rares. Les plus adroits, sont les Mandingoles et les Bamboukains. Leurs jarres, leurs nattes sont d'un goût exquis ; avec les mêmes outils ils exécutent les ouvrages en fer les plus grossiers, et les ouvrages en or les plus élégans ;

---

(1) V. *Dickson*, p. 74.
(2) *V.* le Magasin encyclop., n° 11, 1er brumaire an 7, p. 335.

ils amincissent les cuirs au point de les rendre souples comme du papier; le seul instrument qu'ils emploient, est un couteau fort simple, qui leur suffit pour des travaux délicats (1).

Les mêmes observations s'appliquent aux Nègres de Malacca et d'autres parties des Indes. On envoie des esclaves noirs et blancs à Manille. Sandoval, qui les a fréquentés, assure que tous sont doués d'une grande aptitude, surtout pour la musique; leurs femmes excellent dans les ouvrages à l'aiguille (2). Lescalier, en voyageant dans le continent asiatique, a trouvé que les Nègres à cheveux longs sont très-instruits, parce qu'ils ont des écoles. Comme les autres Indiens, ils fabriquent les mousselines recherchées que ce pays envoie en Europe. La France, disoit un autre voyageur, est pleine des étoffes faites par les esclaves noirs (3).

---

(1) *V.* Fragment d'un voyage, etc., t. I, p. 413 et suiv.; et t. II, p. 380, etc.

(2) V. *Sandoval*, part. I, l. II, c. xx, p. 205.

(3) *V.* Journal d'un voyage aux Indes, sur l'escadre de *du Quesne*, t. II, p. 214.

En lisant Winterbottam, Ledyard, Lucas Houghton, Mungo-Park et Horneman, on voit, que les habitans de l'Afrique intérieure, plus moraux, plus avancés dans la civilisation que ceux des côtes, les surpassent encore à travailler la laine, le cuir, le bois et les métaux, à tisser, teindre et coudre. Outre les travaux des champs, qui les occupent beaucoup, ils ont des manufactures et fondent le minérai. Les habitans du pays de Houssa qui, selon Horneman, sont le peuple le plus intelligent de l'Afrique, donnent aux instrumens tranchans une trempe plus fine que les Européens; leurs limes sont supérieures à celles de France et d'Angleterre (1).

Ces détails font déjà pressentir ce qu'on doit penser quand, pour ravaler les Noirs, Jefferson nous dit que jamais on ne vit chez eux une nation civilisée. Un problème non résolu, jusqu'à présent, mais non pas insoluble, c'est la manière de concilier le déve-

---

(1) V. *Mungo-Park*, t. II, p. 35, 39-40. The Journal of *Frederic Horneman Travels*, in-4°, Londres 1802, p. 33 et suiv.

loppement de toutes les facultés intellectuelles, de tous les talens, sans laisser germer cette corruption que les arts d'agrémens traînent, je ne dis pas inévitablement, mais constamment à leur suite.

Quoi qu'il en soit, en nous bornant à l'acception que présente l'idée de sociabilité, c'est-à-dire, d'aptitude à vivre avec les hommes en rapport de services mutuels; l'idée d'un état policé qui a une forme constituée de gouvernement et de religion, un pacte conservateur des personnes, des propriétés, et qui place sous la sauvegarde des loix, ou des usages ayant force de loi, l'exercice des travaux agricoles, industriels et commerciaux; qui pourroit disputer à plusieurs peuples noirs la qualité de civilisés? Seroit-ce à ceux dont parle Léon l'Africain qui, dans les montagnes, ont quelque chose de sauvage, mais qui, dans les plaines, ont bâti des villes où ils cultivent les sciences et les arts? Une relation insérée dans la collection de Prevôt, les dépeint comme plus avancés que beaucoup de nations européennes (1).

---

(1) V. *Prevot*, t. IV, p. 283.

Bosman, qui trouva le pays d'Agonna très-bien gouverné par une femme (1), s'enthousiasme à l'aspect de celui de Juida, du nombre des villes, de leurs mœurs, de leur industrie. Plus d'un siècle après, son récit a été confirmé par Pruneau-de-Pomme-Gouje, qui exalte l'intrépidité et l'habileté des Judaïques (2). Les détails de la vie présentent chez eux une complication d'étiquettes et de civilités plus étendues qu'à la Chine; la supériorité de rang y a bien, comme partout, ses prétentions orgueilleuses, mais les personnes d'égale condition qui se rencontrent, s'agenouillent et se bénissent (3). Sans approuver ce cérémonial minutieux, il faut cependant y reconnoître les traits d'une nation qui a franchi la barbarie.

Deniau, consul français, qui a résidé treize ans à Juida, m'assuroit que le gouvernement de cette contrée peut rivaliser, en astuces diplomatiques, avec ceux d'Europe, qui ont

---

(1) V. *Bosman*, lettre 5.
(2) *V.* Description de la Nigritie, par *D. P.* in-8°, Paris 1789.
(3) *Bosman*, lettre 18.

perfectionné cet art funeste. Que de preuves en offre la conduite de cette fameuse Gingha ou Zingha, reine d'Angola, morte en 1663, à quatre-vingt-deux ans, à qui un esprit éminent, et une intrépidité féroce assurent une place dans l'histoire. Comme la plupart des grands criminels de son rang, elle voulut, dans sa vieillesse, expier ses forfaits par des remords qui ne rendoient pas la vie aux malheureux qu'elle avoit fait périr.

En partant des idées reçues parmi nous, communément on croit qu'un peuple n'est pas civilisé, s'il n'a des historiens et des annales. Nous ne prétendons pas mettre les Nègres au niveau de ceux qui, héritiers des découvertes de tous les âges, y ajoutent les leurs; mais peut-on inférer de là que les Nègres sont incapables d'entrer en partage du dépôt des connoissances humaines? Si, par la raison qu'on ne possède pas, on étoit inhabile à posséder, les descendans des anciens Germains, Helvétiens, Bataves et Gaulois, seroient encore barbares; car il fut un temps où ils n'avoient pas même l'équivalent des Quipos du Mexique, ni des Bâtons runiques de la Scandinavie. Qu'avoient-ils donc ? Des traditions vagues et défigurées par le cours des siècles, comme en ont toutes les peuplades nègres : et, néanmoins, ils avoient, comme tous les Celtes dont ils faisoient partie, une existence et des confédérations politiques, un gouvernement régulier, des assemblées nationales, et surtout leur liberté.

Nous conviendrons, avec l'historien de la Jamaïque, que l'état de la législation, dans chaque pays, peut indiquer (seulement à quelques égards) le degré de civilisation ; car, en appliquant cette mesure à l'Angleterre sa patrie, on pourroit lui demander si la loi non abrogée, qui autorise un mari à vendre sa femme, est un symptôme de civilisation perfectionnée ? La même question peut être faite sur les loix néroniennes, qui réduisent les catholiques d'Irlande au rang des Ilotes. Malgré les taches qui déparent la constitution britannique, on ne peut lui ôter l'avantage d'être une de celles qui savent le mieux allier la sécurité de l'Etat avec la liberté individuelle ; sous des formes moins compliquées, la même chose existe chez plusieurs de ces nations noires, à qui Long refuse la faculté de combiner des idées (1). Sur la plupart des côtes d'Afrique, il y a une foule de royaumes qu'on pourroit appeler microscopiques, où le chef n'a que l'autorité d'un père de famille (2). Dans Gambie, le Boudou et d'autres petits Etats, le gouvernement est monarchique, mais l'exercice du pouvoir y est tempéré par les chefs des tribus, sans l'avis desquels il ne peut faire la guerre ni la paix (3).

Les laborieux Daccas qui occupent la pointe fertile du Cap-Verd, sont organisés en république; quoique séparés par des sables arides du roi de Damel, ils sont souvent en guerre avec lui. Quand le roi de Damel se brouilla avec le gouvernement du Sénégal, dont il ne recevoit plus de *coutumes*, et qu'il traita avec les Anglais, récemment établis à Gorée, il leur proposa de l'aider à réduire ce peuple. Pour les stimuler, il alléguoit que les Daccas n'étoient pas comme

---

(1) V. *Long*, t. II, p. 377 et 378.
(2) *Beaver*, p. 328.
(3) V. *Mungo-Park*, p. 128.

les autres Nègres soumis à un chef, mais libres comme l'étoient les Français. Ce trait de diplomatie africaine m'a été communiqué par Broussonnet.

Voilà donc des peuples qui ont saisi les idées compliquées de constitution, de gouvernement, de traités et d'alliances ; s'ils n'ont pas approfondi davantage ces notions politiques, c'est qu'il falloit naître.

Dans l'empire de Bornou, la monarchie, dit le voyageur Lucas, est élective, ainsi que le gouvernement de Kachmi. Quand le chef est mort, on confie à trois anciens ou notables, le droit de choisir son successeur parmi les enfans du décédé, sans égard à la primogéniture. L'élu est conduit par les trois anciens devant le cadavre du défunt, dont on prononce l'éloge ou la condamnation, suivant qu'il l'a mérité, et l'on annonce au successeur qu'il sera heureux ou malheureux, selon le bien ou le mal qu'il fera au peuple. Des usages semblables existent chez les peuples voisins (1).

Ici se place naturellement l'anecdote sui-

-----

(1) V. Lucas, t. I, p. 190 et suiv.

vante. Le commandant d'un fort portugais, qui attendoit l'envoyé d'un roi africain, ordonne les préparatifs les plus somptueux, pour lui en imposer par le prestige de l'opulence. L'envoyé arrive; il est introduit dans un salon magnifiquement décoré; le commandant est assis sous un dais, on n'offre pas même un siége à l'ambassadeur nègre : il fait un signe, à l'instant deux esclaves de sa suite se placent à genoux, et les mains à terre sur le parquet; il s'assied sur leur dos. Ton roi, lui dit le commandant, est-il aussi puissant que celui du Portugal? Mon roi, répond le Nègre, a cent serviteurs qui valent le roi de Portugal, mille comme toi, un comme moi.... et il part (1).

Sans doute la civilisation est presque nulle dans plusieurs de ces Etats nègres, où l'on ne parle au roitelet qu'à travers une sarba-

―――――――――――――――――――

(1) Anecdote racontée par *Bernardin-Saint-Pierre*. L'auteur des *Anecdotes africaines* rapporte la même chose de *Ziogha*; il ajoute que quand elle se leva, l'esclave étant restée dans la même posture, on le lui fit observer; elle répondit : *La sœur d'un roi ne s'assied jamais deux fois sur le même siége; il reste à la maison dans laquelle elle l'a occupé.*

cane; où quand il a dîné, un héraut annonce qu'alors les autres potentats du monde peuvent dîner à leur tour. Ce n'est qu'un barbare, ce roi de Kakongo qui, réunissant tous les pouvoirs, juge toutes les causes, avale une coupe de vin de palmier à chaque sentence qu'il prononce, sans quoi elle seroit illégale, et termine quelquefois cinquante procès dans une séance (1). Mais ils furent aussi barbares les ancêtres des Blancs civilisés; comparez la Russie du quinzième siècle, et celle du dix-neuvième.

On vient d'établir que dans les régions africaines, il est des États où l'art social a fait des progrès. De nouvelles preuves vont élever cette vérité jusqu'à l'évidence.

Les Foulahs, dont le royaume est d'environ soixante myriamètres de longueur, sur trente-neuf de largeur, ont des villes assez populeuses. Temboo, la capitale, a sept mille habitans; l'Islamisme, en y répandant ses erreurs, y a introduit des livres, la plupart concernant la religion et la jurisprudence. Temboo, Laby, et presque toutes les

_____

(1) V. Hist. de Loango, etc.

villes des Foulahs, et de l'empire de Bornou, ont des écoles (1). Les Nègres, au rapport de Mungo-Park, aiment l'instruction ; ils ont des avocats pour défendre les esclaves traduits devant des tribunaux (2), car la domesticité est inconnue chez eux, mais l'esclavage y est très-doux. Ce voyageur trouva de la magnificence au sein de l'Afrique, à Ségo, ville de trente mille ames, quoiqu'inférieure en tout à Jenne, à Tombuctoo et à Houssa.

Aux nations africaines, dont on vient de parler, doivent être joints les Boushouanas, visités par Barrow, qui vante l'excellence de leur caractère, la douceur de leurs mœurs, et le bonheur dont ils jouissent. Ils ont aussi franchi les bornes qui séparent le sauvage de l'homme civilisé, et leur perfectionnement moral est tel, que des missionnaires chrétiens pourroient exercer utilement leur zèle dans ce pays. Litakou, leur capitale, ville de dix à quinze mille ames, est située à cent

---

(1) V. *Lucas et Ledyard*, t. I, p. 190 et suiv. V. *Substance of the report*, p. 236.
(2) V. *Mungo-Park*, p. 13 et p. 37.

vingt-cinq myriamètres du Cap, le gouvernement est patriarchal, le chef a droit de désigner son successeur ; mais en tout il agit d'après les vœux du peuple, que lui transmet son conseil composé de vieillards; car chez les Boushouanas la vieillesse et l'autorité sont encore comme chez les anciens peuples, des expressions synonymes (1). Il est affligeant que des contre-temps, dont Barrow donne le détail, l'ayent empêché d'aller chez les Barrolous, qu'on lui a peints comme plus avancés dans la civilisation, qui n'ont aucune idée de l'esclavage, et chez lesquels on trouve de grandes villes, où divers arts sont florissans (2). J'oubliois de dire, d'après Golberry, qu'en Afrique on ne voit pas un seul mendiant, excepté les aveugles, qui vont réciter des passages du Coran, ou chanter des couplets (3).

Des colons reprochent aux Nègres marrons, si improprement appelés rebelles, soit

---

(1) *V.* Voyage à la Cochinchine, etc., t. I, p. 289 et suiv.

(2) *Ibid.*, p. 319 et suiv.

(3) *V.* Fragment d'un voyage, etc., t. II, p. 400.

de

de Surinam, soit de la montagne bleue à la Jamaïque, de n'avoir pas organisé un État qui, en restreignant la liberté individuelle, assureroit la liberté sociale. Tout ce qu'on vient de lire est une réponse anticipée à cette objection. Se pourroit il que les arts de la paix fussent cultivés par une troupe fugitive, toujours cachée dans les forêts et les marais, toujours occupée à se nourrir et à se défendre contre ses oppresseurs, qui sont les véritables révoltés?... oui, révoltés contre tous les sentimens de la justice et de la nature.

On objectera peut-être encore que les Nègres de Haïti n'ont pu, jusqu'à présent, asseoir parmi eux une forme stable de gouvernement, et qu'ils se déchirent de leurs propres mains. Mais dans le cours orageux de notre révolution, sacrée dans ses principes, calomniée par ceux dont les efforts sont parvenus à la dénaturer dans sa marche et ses résultats, n'a-t-on pas vu tous les genres de cruauté? N'avoit-on pas, suivant l'expression d'un député, mis la nation en coupe réglée, et allumé un volcan qui a dévoré plusieurs générations? La main de l'étranger a souvent agité parmi nous les tisons de la discorde ; c'est un fait qui n'est pas problématique. En 1807, un écrivain anglais maudissoit encore la perversité rafinée, par laquelle les gouvernemens européens ont, dit-il, vicié et *infernalisé* l'esprit de cette révolution française, dont le but étoit louable, mais qu'ils ont envisagée comme Satan envisageoit le paradis (1). Qui peut douter que des mains étrangères n'en ayent fait autant à Saint-Domingue? Six mille Nègres et Mulâtres se joignirent autrefois aux Caraïbes, concentrés dans les îles de Saint-Vincent et la Dominique. Ces Caraïbes noirs, sont robustes et fiers de leur indépendance (2); toutes les données acquises sur leur compte par des hommes qui les ont fréquentés, portent à croire que leur état social se perfectionneroit rapidement, s'ils ne redoutoient avec raison la rapacité de l'Europe, et s'ils pouvoient goûter en paix

---

(1) *V.* le Critical Review, avril 1807, p. 369.
(2) *V.* De l'influence de la découverte de l'Amérique sur le bonheur du genre humain, par *Le Gentil*, in-8°, Paris 1788, p. 74 et suiv.

les fruits de leurs champs qu'ils auroient cultivés sans trouble. Depuis un siècle, ils luttent sans relâche contre les élémens et les tyrans.

La province de Fernanbouc, dans l'Amérique méridionale, a vu un corps politique formé par des Nègres, que Malte-Brun appelle encore *rebelles, révoltés*, dans un Mémoire curieux sur le Brésil, d'après Barloeus et Rochapitta, l'un Hollandais, l'autre Portugais, et qui est inséré dans sa Traduction de Barrow (1).

Entre les années 1620 et 1630, des Nègres fugitifs, unis à quelques Brasiliens, avoient formé deux États libres, le grand et le petit Palmarès, ainsi nommés de la quantité de palmiers qu'ils avoient plantés. Le grand Palmarès fut presqu'entièrement détruit par les Hollandais en 1644. L'historien portugais, qui paroît avoir ignoré, dit Malte-Brun, l'ancienne origine de ces peuplades,

---

(1) Gaspari Barlaei, *rerum per Octennium in Brasilia gestarum historia*, in-fol., 1647, Amsterdam, p. 243, etc. Rocha pitta, America portugueza, l. VIII. Voyage à la Cochinchine, t. I, p. 218 et suiv.

prend leur restauration en 1650, pour leur commencement réel.

A la fin de la guerre avec les Hollandais, les esclaves du voisinage de Fernanbouc, accoutumés aux souffrances et aux combats, résolurent de former un établissement qui assurât leur liberté. Quarante, d'entr'eux, en devinrent les fondateurs, et bientôt leur troupe se grossit par une multitude d'autres Nègres et Mulâtres. Mais n'ayant pas de femmes, ils exécutèrent, sur une vaste étendue de pays, un enlèvement pareil à celui des Sabines. Devenus formidables à tout le voisinage, les Palmaresiens adoptèrent une forme de culte qui étoit, si on peut le dire, une parodie du christianisme; ils créèrent une constitution, des loix, des tribunaux, choisirent un chef nommé *Zombi*, c'est-à-dire, *puissant*, dont la dignité étoit à vie, mais élective; ils fortifièrent leurs villages placés sur des éminences, et spécialement leur capitale, dont la population étoit de vingt mille ames; ils élevoient des animaux domestiques et beaucoup de volailles. Barloeus décrit leurs jardins, leur culture de cannes à sucre, de patates, de manioc, de millet, dont la récolte étoit signalée par des fêtes et des chants joyeux. Près de cinquante ans s'étoient écoulés sans qu'ils fussent attaqués; mais en 1696, les Portugais combinèrent une expédition pour surprendre les Palmaresiens. Ceux-ci, ayant leur Zombi ou chef à leur tête, firent des prodiges de valeur; enfin, subjugués par des forces supérieures, les uns se donnèrent la mort pour ne pas survivre à la perte de leur liberté; les autres, livrés à la rage des vainqueurs, furent vendus et dispersés : ainsi s'éteignit une république qui pouvoit révolutionner le nouveau Monde, et qui étoit digne d'un meilleur sort.

A la fin du dix-septième siècle, l'iniquité détruisit la colonie de Palmarès. A la fin du dix-huitième, la justice et la bienveillance ont créé celle de Sierra-Leone, dont on va parler.

Dès l'an 1751, Franklin avoit établi en principe, que le travail d'un homme libre coûte moins cher, et produit plus que celui d'un esclave. Smith et Dupont de Nemours, développèrent cette idée par des calculs détaillés, l'un dans ses *Recherches sur la ri-*

chesse des nations ; l'autre, dans le sixième volume des *Ephémérides du citoyen*, publié en 1771. Il y consigna, le premier, le projet de remplacer la traite, et de porter la civilisation au sein de l'Afrique, en formant sur les côtes des établissemens de Nègres libres, pour y cultiver les denrées coloniales.

Cette idée saisie par Fothergil, a été reproduite par Demanet, Golberry, Postlethwaight qui, dans les deux éditions de son Dictionnaire de commerce, s'est montré successivement l'antagoniste et l'apologiste des Nègres ; Pruneau - de - Pomme-Gouje qui, ayant eu le malheur de faire la traite, en demande pardon à Dieu et au genre humain ; Pelletan, qui regarde cette colonisation comme le moyen assuré de changer la face de ces contrées désolées ; Wadstrom qui a publié le résultat de son voyage en Afrique avec Sparrman.

Mais déjà le docteur Isert avoit tenté de l'exécuter à Aquapin, sur les rives de la Volta; et dans ses lettres, il fait un tableau touchant des mœurs de ses colons nègres. Il a eu des successeurs dans la direction de cet établissement, dont j'ignore la situation actuelle.

En 1792, les Anglais voulurent former une colonie libre à Bulam. Cette tentative échoua comme celle de Cayenne avoit échoué en 1763, et par les mêmes causes, plan vicieux, mauvaise exécution, imprévoyance. Beaver, qui a publié en très-grand détail la relation de l'établissement commencé à Bulam, prouve la possibilité de la réussite, il en indique les moyens (1). Par là même, son livre seroit une réponse à Barré-Saint-Venant, qui révoque en doute cette possibilité, si déjà celui-ci n'étoit réfuté par l'existence de la colonie formée à Sierra-Leone.

Demanet ni Postleth-Waight n'avoient pas désigné le lieu qu'ils croyoient propre à réaliser ce projet. Le docteur Smeathman choisit, entre les huitième et neuvième degrés de latitude nord, Sierra-Leone, dont le sol est fertile et le climat tempéré. L'on obtint de deux petits rois voisins un territoire assez considérable. Grandville-Sharp se concerta avec le comité de Londres pour le soulage-

―――――――――――――――――――――

(1) *V. African memoranda*, etc., p. 402.

ment des *pauvres Noirs*, alors présidé par le célèbre Jonas Hauway ; ainsi les principaux coopérateurs sont, 1°. Smeathman, qui après un séjour de quatre ans en Afrique, revenu en Europe pour prendre les mesures relatives à son plan de colonies libres, mourut en 1786 ; il n'a point écrit, mais sa conduite fut un modèle de vertus-pratiques, et on lui doit cette maxime, qui vaut bien un gros livre : « Si chacun étoit persuadé » qu'on trouve son bonheur en travaillant à » celui des autres, bientôt le genre humain » seroit heureux ».

2°. Thorneton, qui avoit projeté de transporter d'Amérique en Afrique des Nègres émancipés.

3°. Afzelius, botaniste, et Nordenskiold, minéralogiste, l'un et l'autre Suédois ; le dernier est mort en Afrique, l'autre est actuellement en Europe.

4°. Grandville-Sharp, qui, en 1788, envoya à ses frais un bâtiment de cent quatre-vingt tonneaux au secours de Sierra-Leone ; précédemment il avoit publié son plan de constitution et de législation pour les colonies (1). A ces noms respectables, il faut joindre Willeberforce, Clarckson, et d'autres hommes qui ont concouru à cette entreprise, par leur argent, leurs écrits, leurs conseils; ce sont les mêmes dont le zèle éclairé et l'imperturbable persévérance ont enfin obtenu le bill qui abolit la traite.

La législature y ajoutera sans doute des mesures d'exécution dont la nécessité est démontrée par Willeberforce, dans sa lettre à ses commettans de l'Yorkshire (2). Cette abolition rappelera à jamais le trait le plus honorable de sa vie publique. Il seroit digne de lui de tourner actuellement ses regards vers cette île martyrisée depuis des siècles; vers cette Irlande où quatre millions d'individus sont frappés de l'exhérédation politique, calomniés et persécutés comme catholiques, par le gouvernement d'une nation qui a tant vanté la liberté et la tolérance. Si, malgré

---

(1) A short sketch of temporary regulation for the intended settlemen on the green coast of Africa, etc.

(2) *V*. A Letter on the abolition of the slave trade, addressed to the freeholders and others habitans of Yorkshire, by *W. Wilberforce*, in-8°, London 1807.

les orages politiques qui dans les deux Mondes élèvent des barrières entre les peuples, cet ouvrage arrive sous les yeux des honorables défenseurs de l'espèce humaine dans d'autres contrées, plusieurs d'entre eux se rappelleront avec intérêt que j'eus avec eux des liaisons dont le souvenir m'est cher. Thomas Clarkson et Joël Barlow y liront, que par de là les mers ils ont un ami aussi invariable dans ses affections que dans ses principes ; mais revenons à Sierra-Leone.

Un des articles constitutifs de cet établissement en exclut les Européens, dont en général on redoute l'influence corruptrice, et n'y admet que les agens de la compagnie. La première embarcation, en 1786, étoit composée de quelques Blancs nécessaires à la direction de l'établissement, et de quatre cents Nègres. Cette tentative eut très-peu de succès, jusqu'à ce qu'elle fit place à une autre fondée sur de meilleurs principes, et qui fut incorporée par un acte du Parlement, en 1791. L'année suivante on y transporta onze cent trente-un Noirs de la nouvelle Ecosse, qui, dans la guerre d'Amérique, avoient combattu pour l'Angleterre. Plusieurs d'entre eux étoient de Sierra-Leone ; ils revirent avec attendrissement la terre natale d'où ils avoient été arrachés dans leur enfance ; et comme les peuplades voisines venoient quelquefois visiter la colonie naissante, une mère très-âgée reconnut son fils, et se précipita dans ses bras en fondant en larmes ; bientôt des indigènes de cette côte se réunirent à ceux qu'on avoit ramenés de la nouvelle Ecosse. Quelques-uns de ceux-ci sont bons canonniers; mais ce qui vaut mieux, tous montrent de l'activité, de l'intelligence pour les occupations agronomiques et industrielles. Le chef-lieu *Free-Town* ou *Ville-Libre*, avoit déjà, il y a dix ans, neuf rues et quatre cents maisons, ayant chacune un jardin. Non loin de là s'élève *Grandville-Town*, du nom de l'estimable philantrope Grandville-Sharp.

Dès l'an 1794, on comptoit dans leurs écoles environ trois cents élèves, dont quarante natifs, doués presque tous d'une conception facile ; on leur enseigne l'art de lire, d'écrire, de compter ; de plus aux filles les ouvrages de leur sexe, aux garçons la géographie et un peu de géométrie.

La plupart des Nègres venus d'Amérique étant méthodistes ou baptistes, ils ont des *meeting-houses* ou lieux d'assemblées, pour leur culte, et cinq ou six prédicateurs noirs, dont la surveillance a contribué puissamment au maintien du bon ordre. Les Nègres remplissent avec fermeté, douceur et justice les fonctions civiles, entre autres celles du *jury*, car on l'a établi dans cette colonie : ils se montrent même très-chatouilleux sur leurs droits. Le gouverneur ayant infligé de sa propre autorité quelques punitions, les condamnés déclarèrent qu'ils vouloient être jugés par leurs pairs, après le *verdict*. En général, ils sont pieux, sobres, chastes, bons époux, bons pères, donnent des preuves multipliées de sentimens honnêtes ; et malgré les événemens désastreux de la guerre (1), et des élémens

---

(1) En 1794, une escadrille française, occupée à détruire les établissemens anglais sur la côte occidentale d'Afrique, détruisit, en partie, la colonie de Sierra-Leone. Ce fait a été un titre d'inculpations graves. En 1796, j'ai lu à l'Institut un mémoire où, après avoir compulsé les registres du commandant de l'escadrille, j'ai prouvé que son attaque dirigée contre

qui ont ravagé cette colonie, on y goûte presque tous les avantages de l'état social. Ces faits sont extraits des rapports que publie annuellement la compagnie de Sierra-Leone (1), et dont la collection m'a été remise par le célèbre Willeberforce. En octobre de l'an 1800, la colonie s'accrut par un envoi de Marrons de la Jamaïque, qu'on y déporta contre la foi du traité qu'ils avoient conclu avec le général Walpole, et malgré ses réclamations (2).

Il paroît que toutes choses égales d'ailleurs, les pays où l'on doit trouver le moins d'énergie et d'industrie, sont ceux où la cha-

---

Sierra-Leone, étoit le fruit d'une erreur. Il croyoit que c'étoit une entreprise purement mercantile, et non un établissement philantropique. Ce mémoire a été publié dans la Décade philosophique, n° 67, et ensuite imprimé séparément. La colonie de Sierra-Leone, ruinée une seconde fois pendant la guerre, a lutté contre ses malheurs, et s'est rétablie.

(1) *V.* Substance of the report, delivered by the court of direction of Sierra-Leone company, etc.; et particulièrement celui de l'an 1794, p. 55 et suiv.

(2) V. *Dallas*, t. II, p. 78, etc.

leur excessive porte à l'indolence, où les besoins physiques, très-restreints par cette température, trouvent facilement à se satisfaire par l'abondance des denrées consommables. Il semble encore que, d'après ces causes, la servitude doit s'attacher aux climats brûlans, et que la liberté, soit politique, soit civile, doit rencontrer plus d'obstacles entre les tropiques que dans les latitudes plus élevées. Mais qui pourroit ne pas rire de la gravité avec laquelle Barré-Saint-Venant (que d'ailleurs j'estime) assure que les Nègres, incapables de faire un seul pas vers la civilisation, seront « dans vingt mille » siècles ce qu'ils étoient il y a vingt mille » siècles; la honte, dit-il, et le malheur de » l'espèce humaine (1) ». Tant de faits accumulés réfutent surabondamment ce planteur si instruit de ce qu'étoient les Nègres avant leur existence, et qui nous révèle prophétiquement ce qu'ils seront dans vingt mille siècles. Il y a long-temps que les indigènes d'Afrique et d'Amérique se seroient élevés

---

(1) V. *Barré-Saint-Venant*, p. 119.

à la civilisation la plus développée, si l'on eût employé à cette bonne œuvre la centième partie d'efforts, d'argent et de temps qu'on a consumés à tourmenter, à égorger plusieurs millions de ces malheureux, dont le sang crie vengeance contre l'Europe.

CHAPITRE VII.

Littérature des Nègres.

WILLEBERFORCE, de concert avec les membres de la société qui s'occupe de l'éducation des Africains, a fondé pour eux une espèce de collége à Clapham, distant de Londres d'environ deux myriamètres. Les premiers qu'on y a placés sont vingt-un enfans envoyés par le gouverneur de Sierra-Leone. J'ai visité cet établissement en 1802, pour m'assurer, par moi-même, du progrès des élèves, et j'ai vu qu'entre eux et les Européens il n'existoit de différence que celle de la couleur. La même observation a été faite, 1°. à Paris, au collége de la Marche, où Coesnon, ancien professeur de l'Université, avoit réuni un nombre d'enfans nègres. Plusieurs membres de l'Institut national,

nal qui ont, comme moi, examiné et suivi les élèves dans les détails habituels de la vie, dans les cours particuliers, dans les exercices publics, confirmeront mon témoignage. 2°. Elle a été faite à l'école des Nègres de Philadelphie, par un homme calomnié avec acharnement, puis assassiné judiciairement, Brissot (1), citoyen d'une probité rigide, qui est mort pauvre comme il avoit vécu. 3°. Elle a été faite à Boston, par le consul français Giraud, sur une école de quatre cents Noirs qui sont élevés séparément. La loi autorise leur mélange avec les petits Blancs; mais ceux-ci les tourmentoient par suite d'une prévention héréditaire qui n'est point encore totalement effacée, et qui, à partir des principes de la droite raison, n'est flétrissante que pour les Blancs, flétrissante surtout pour les loges de francs-maçons de cette ville; elles fraternisent entre elles, mais elles n'ont jamais visité la loge africaine. Une seule fois, elle a été placée sur la même ligne, lorsqu'au service funèbre pour Washington, elle fit partie du cortége.

---

(1) *V*. ses Voyages, t. II, p. 2.

Dans la foule des auteurs qui reconnoissent chez les Nègres les facultés intellectuelles, aussi susceptibles de développement que chez les Blancs, j'avois oublié de citer Ramsay (1), Hawker (2), Beckford (3); il prétendoit ce bon Wadstrom qu'à cet égard les Noirs ont la supériorité (4); et l'ancien consul américain Skipwith est du même avis.

Clenard comptoit à Lisbonne plus de Maures et de Nègres que de Blancs, et ces Noirs, disoit-il, sont pires que des brutes (5). Les choses ont bien changé; le savant secrétaire de l'académie de Portugal, Correa de Serra, cite plusieurs Nègres instruits, avocats, prédicateurs et professeurs qui, à Lisbonne, à Riojaneiro, et dans les autres possessions

---

(1) *V.* Objections to the abolition of the slave trade with answers, etc., by *Ramsay*, in-8°, London 1778.

(2) Sermon, in-4°, 1789.

(3) *V.* Remarks upon the situation of the Negroes in Jamaica, in-8°, London 1788, p. 84 et suiv.

(4) *V.* Observations on the slave trade, in-8°, London 1789.

(5) *V.* Variétés littéraires, in-8°, Paris 1786, t. I, p. 39.

portugaises, se sont signalés par leurs talens. En 1717, le Nègre don Juan Latino enseignoit à Séville la langue latine; il vécut cent dix-sept ans (1). La brutalité de ces Africains dont parle Clenard, n'étoit que le résultat de l'oppression et de la misère : lui-même reconnoît ailleurs leur aptitude. « J'en » seigne, dit-il, la littérature à mes esclaves » nègres; j'en ferai un jour des affranchis, » et j'aurai mon *Diphilus* comme Crassus, » mon *Tyron* comme Ciceron; ils écrivent » déjà fort bien, et commencent à entendre » le latin; le plus habile me fait la lecture à » table (2) ».

Lobo, Durand, Demanet, qui ont résidé long-temps, le premier en Abyssinie, les autres en Guinée, trouvent aux Nègres un esprit vif et pénétrant, un jugement sain, du goût, de la délicatesse (3). Divers écrivains ont recueilli des reparties brillantes,

---

(1) Fait communiqué par *de Lasteyrie*.
(2) *Ibid.*, p. 88.
(3) V. *Durand*, p. 58. *Demanet*, Histoire de l'Afrique française, t. II, p. 3. Relation historique de l'Abyssinie, par *Lobo*, in-4°, Paris 1728, p. 680.

des réponses vraiment philosophiques de Noirs. Telle est la suivante, rapportée par Bryan-Edwards, d'un esclave endormi que son maître réveilloit, en disant : *N'entends-tu pas maître qui appelle?* le pauvre Nègre ouvre les yeux et les referme aussitôt, en disant : *Sommeil n'a pas de maître.*

Quant à leur intelligence pour les affaires, elle est bien connue dans le Levant. Tel étoit Farhan, vendu au prince de l'Yemen, qui le fit gouverneur de Loheia ; ses talens, sa prudence, ses vertus domestiques ont été célébrés par Niebuhr, qui l'a connu. Michaud le père m'a dit avoir vu dans divers ports du golfe Persique, des Nègres à la tête de grandes maisons de commerce, recevant des envois, expédiant des bâtimens sur toutes les côtes de l'Inde. Il avoit acheté à Philadelphie, et amené en France un jeune Nègre de l'intérieur de l'Afrique, enlevé à un âge où déjà sa mémoire avoit recueilli quelques notions géographiques sur le pays qui l'avoit vu naître. Le naturaliste l'élevoit soigneusement, et se proposoit, après son éducation finie, de le renvoyer dans son pays natal, comme voyageur, pour explorer des contrées peu connues; mais Michaud étant allé mourir sur les côtes de Madagascar, son Nègre, qui l'avoit suivi, a été vendu impitoyablement. J'ignore si l'on a fait droit aux réclamations de Michaud fils contre ce trait d'inhumanité.

Quelquefois, chez les Turcs, les Nègres arrivent aux postes les plus éminens; les écrivains s'accordent à citer le Kislar-Aga, ou chef des eunuques noirs de la Porte, en 1730, comme un homme d'une sagesse profonde et d'une expérience consommée (1).

Adanson, étonné de voir les Nègres du Sénégal lui nommer un grand nombre d'étoiles, et raisonner pertinemment sur les astres, assure qu'avec de bons instrumens ils deviendroient bons astronomes (2).

Sur divers points de la côte il y a des Nègres sachant deux ou trois langues, et faisant les fonctions d'interprètes (3). En géné-

---

(1) *V.* Observations sur la religion, les loix, les mœurs des Turcs, traduit de l'anglais, par M. *B.*, Londres 1769, p. 98.

(2) *V.* Voyage au Sénégal, p. 149.

(3) V. *Clarckson*, p. 125.

ral ils ont la conception rapide, et jouissent d'une mémoire surprenante. Villaut, Barbot, et d'autres voyageurs en font la remarque (1). Stedman a connu un Nègre qui savoit le Coran par cœur; on raconte la même chose de Job-ben-Salomon, fils du roi mahométan de Bunda, sur la Gambie. Salomon, pris en 1730, fut conduit en Amérique, et vendu dans le Maryland. Une suite d'aventures extraordinaires, qu'on peut lire dans le *Morelak*, le conduisirent en Angleterre, où son air de dignité, la douceur de son caractère, et ses talens lui firent des amis, entre autres le chevalier Hans-Sloane, pour lequel il traduisit divers manuscrits arabes. Après avoir été accueilli avec distinction à la cour de Saint-James, la compagnie d'Afrique, qui s'y intéressoit, le fit reconduire à Bunda en 1734. Un oncle de Salomon lui dit en l'embrassant : Depuis soixante ans tu es le premier que j'aye vu revenir des îles américaines. Salomon écrivit à ses amis d'Europe et du nouveau Monde, des lettres qui furent traduites et lues avec intérêt. Son père étant

---

(1) V. *Prevot*, t. IV, p. 198.

mort, il lui succéda, et se fit aimer dans ses Etats (1).

Le fils du roi de Nimbana, venu en Angleterre pour faire ses études, avoit embrassé avec un succès éclatant divers genres de sciences, et appris l'hébreu pour lire la Bible en original. Ce jeune homme, qui donnoit de grandes espérances, mourut peu de temps après son retour en Afrique.

Ramsay, qui a passé vingt ans au milieu des Nègres, leur attribue l'art mimique à tel point qu'ils pourroient rivaliser, dit-il, avec nos Roscius modernes.

Labat assure qu'ils sont naturellement éloquens. Poivre fut souvent étonné par le talent des Madecasses, en ce genre, et Rochon a cru devoir insérer dans son voyage de Madagascar, le discours d'un de leurs chefs, qu'on peut lire avec plaisir, même après celui de Logan (2).

---

(1) *V.* le More-lack (par *le Cointe-Marsillac*), in-8°, Paris 1789, c. xv.

(2) *V.* Voyage à Madagascar et aux Indes occidentales, par *Rochon*, in-8°, Paris, 3 vol., t. I, p. 173 et suiv.

Stedman, qui les croit capables de grands progrès, et qui leur accorde spécialement le génie poétique et musical, énumère leurs instrumens à corde et à bouche au nombre de dix-huit (1); et cependant on ne voit pas dans sa liste leur fameux balafou (2), formé d'une vingtaine de tuyaux de bois dur qui vont en diminuant, et qui résonne comme un petit orgue.

Grainger décrit une sorte de guitare inventée par les Nègres, sur laquelle ils jouent des airs qui respirent une mélancolie douce et sentimentale (3); c'est la musique des cœurs affligés. La passion des Nègres pour le chant ne prouve pas qu'ils soient heureux; c'est l'observation de Benjamin Rush, qui indique les maladies résultantes de leur état de détresse et de malheur (4).

Le docteur Gall m'assuroit qu'aux Nègres

---

(1) V. *Stedman*, c. XXVI.

(2) D'autres disent *balafat* ou *balafo*, et le comparent à une épinette.

(3) The sugar cane, a poem, in four books, by *James Grainger*, in-4°, 1764.

(4) *V.* American Museum, t. IV, p. 82.

manquent les deux organes de la musique et des mathématiques. Quand sur le premier article, je lui objectois qu'un des caractères les plus saillans des Nègres est leur goût invincible pour la musique, en convenant du fait, il m'opposoit leur incapacité de perfectionner ce bel art. Mais l'énergie de ce penchant n'est-elle pas un signe incontestable de talent? Il est d'expérience que les hommes réussissent dans les études vers lesquelles une propension décidée, une volonté forte les entraînent. Qui peut présager à quel point les Nègres excelleront dans cette partie, quand les connoissances de l'Europe entreront dans leur domaine? peut-être auront-ils des Gluck et des Piccini. Déjà Gossec n'a pas dédaigné de transporter, dans une pièce de circonstance, le *Camp de Grand-Pré*, un air des Nègres de Saint-Domingue.

La France eut jadis ses Trouvères et ses Troubadours, comme l'Allemagne ses *Min-Singer*, et l'Ecosse ses *Minstrells*. Les Nègres ont les leurs, nommés *Griots*, qui vont aussi chez les rois faire ce qu'on fait dans toutes les cours, louer et mentir avec esprit. Leurs femmes, les *Griotes*, font à peu près le métier des *Almées* en Egypte, des *Bayadères* dans l'Inde (1). C'est un trait de conformité de plus avec les femmes voyageuses des Troubadours. Mais ces *Trouvères*, ces *Min-Singer*, ces *Minstrells* furent les devanciers de Malherbe, Corneille, Racine, Shakespeare, Pope, Gesner, Klopstok, etc. Dans tout pays le génie est l'étincelle recélée dans le sein du caillou ; dès qu'elle est frappée par l'acier, elle s'empresse de jaillir.

Au seizième siècle, Louise Labbé, de Lyon, surnommée *la belle Cordière*, par allusion à l'état de son mari.

Au dix-septième siècle, Billaut, surnommé maître Adam, menuisier à Nevers.

Hubert Pott, simple journalier en Hollande; Beronicius, ramoneur de cheminées dans le même pays, avoient présenté le phénomène du talent poétique uni à des professions qui repoussent communément l'idée d'un esprit cultivé ; le goût le plus sévère les maintient au Parnasse, quoiqu'il ne leur assigne pas les premières places. Le voyageur

---

(1) V. *Golberry*, ibid.

Pratt proclame Hubert Pott le père de la poésie élégiaque en Hollande (1); et dans l'édition donnée à Middelbourg des Œuvres de Beronicius, l'estampe placée au frontispice représente Apollon couronnant de lauriers le poëte ramoneur (2).

De nos jours, un domestique de Glats, en Silésie, s'est fait remarquer par ses romans (3). Bloomfield, valet de charrue, a publié des poésies imprimées plusieurs fois, et dont une partie a été traduite dans notre langue (4). Greensted, servante à Maidstone, et une simple laitière de Bristol, Anne Yearsley, se sont placées au rang des poëtes. Les malheurs des Nègres ont été l'objet des chants de cette dernière, dont les

---

(1) V. *Pratt*, t. II, p. 208.

(2) *Beronicius* a fait des poésies latines ; son poëme en deux livres, intitulé : *Georgarchontomachia*, ou Combat des paysans et des grands, a été traduit en vers hollandais, et le tout a été réimprimé in-8°, à Middelbourg, en 1766.

(3) V. La Prusse littéraire, par *Denina*, article Peyneman.

(4) V. Contes et Chansons champêtres, par *Robert Bloomfield*, traduit par *de la Vaisse*, in-8°, Paris 1802.

œuvres ont eu quatre éditions. De même on a vu quelques-uns de ces Africains, que l'iniquité voue au mépris, franchir tous les obstacles que cette situation leur opposoit, et cultiver leur raison. Plusieurs sont entrés comme écrivains dans la carrière littéraire.

Lorsqu'en 1787, Toderini publia trois volumes sur la littérature des Turcs (1), beaucoup de personnes qui doutoient s'ils en avoient une, furent étonnées d'apprendre que Constantinople possède treize bibliothèques publiques. La surprise sera-t-elle moindre à l'annonce d'ouvrages composés par des Nègres et des Mulâtres ? Parmi ceux-ci, je pourrois nommer Castaing, qui a montré du talent poétique, ses pièces ornent divers recueils ; Barbaud-Royer, Boisrond, l'auteur du *Précis des Gémissemens des Sang-mêlés* (2) ; Milscent, qui dans un de ses écrits a pris le nom de Michel Mina, tous Mulâtres des Antilles ; et Julien Raymond,

---

(1) Litteratura turchesca d'all 'abate Giambatista Toderini, 3 vol. in-8°, Venezia 1787.

(2) Par *P. M. C.* Sang-mêlé, in-8°, chez *Baudoin.*

également Mulâtre, associé de la classe des sciences morales et politiques de l'Institut, pour la section de législation. Sans avoir la prétention de justifier en tout la conduite de Raymond, on peut louer l'énergie avec laquelle il a défendu les hommes de couleur et Nègres libres. Il a publié une foule d'opuscules, dont la collection importante pour l'histoire de Saint-Domingue, peut servir d'antidote aux impostures débitées par des colons (1).

J'aurois pu nommer la Négresse Belinda, née dans une contrée charmante de l'Afrique; elle y fut volée à douze ans, et vendue en Amérique. Quoique pendant quarante ans j'aye servi, dit-elle, chez un colonel, mes travaux ne m'ont obtenu aucun soulagement; âgée de soixante-dix ans, je n'ai pas encore joui des bienfaits de la création. Avec ma fille, je traîne le reste de mes jours dans l'esclavage et la misère; pour elle et pour moi, je demande enfin la liberté. Telle est la substance du mémoire qu'elle adressa, en

---

(1) *V.* surtout, la véritable origine des troubles de Saint-Domingue, par *Raymond*.

1782, à la législature de Massachusett. Les auteurs de l'*American Museum* (1) ont recueilli cette pièce écrite sans art, mais dictée par l'éloquence de la douleur, et par là même plus propre à émouvoir les cœurs.

J'aurois pu nommer encore César, Nègre de la Caroline du nord, auteur de diverses pièces de poésies imprimées, et qui sont devenues des chants populaires, comme celles du valet de charrue Bloomfield.

Les écrivains nègres sont en plus grand nombre que les Mulâtres, et ils ont en général montré plus de zèle pour venger leurs compatriotes africains; on en verra des preuves dans les articles d'Amo, Othello, Sancho, Vassa, Cugoano, Phillis-Wheatley. Mes recherches m'ont mis à portée de faire connoître d'autres Nègres, dont quelques-uns n'ont pas écrit, mais à qui la supériorité de leurs talens et l'étendue de leurs connoissances ont acquis de la renommée; dans le nombre on trouvera seulement un ou deux Mulâtres. Marcel, directeur de l'Imprimerie impériale, qui a donné au Caire

---

(1) *V*. t. I, p. 538.

une édition de Loqman (1), croit que ce fabuliste esclave étoit Abyssin ou Ethiopien; conséquemment, dit-il, un de ces Noirs à grosses lèvres et à cheveux crépus, tirés de l'intérieur de l'Afrique; que, vendu à des hébreux, il gardoit des troupeaux en Palestine. L'éditeur présume que Esope, Αἴσωπος, qui n'est guère qu'une altération du mot Αἰθίοψ, Ethiopien, pourroit être le même que Loqman (2); cette conjecture est trop vague. Parmi ces fables qu'on lui attribue, la dix-septième et la vingt-troisième concernent des Nègres; mais l'auteur l'étoit-il? C'est un problème.

En partant de la même hypothèse, on pourroit joindre à Loqman tous les Ethiopiens distingués dont l'histoire a conservé les noms, et surtout cet abbé Grégoire qui, venu en Europe vers le milieu du dix-septième siècle, visita l'Italie, l'Allemagne, fut très-accueilli à la cour de Gotha, et périt dans un naufrage, en voulant retourner dans sa patrie. Il a été trop vanté peut-être par Fa-

---

(1) *V.* Fables de *Loqman*, etc., in-8°, au Caire 1799.
(2) *V.* La Notice de l'éditeur, p. 10 et 11.

bricius, la Croze et Ludolphe (1); ce dernier acquittoit la dette de la reconnoissance envers un homme qui lui avoit été très-utile pour apprendre la langue et l'histoire d'Ethiopie. Dans son *Commentaire* sur cette histoire, Ludolphe a inséré le portrait de l'abbé Grégoire, gravé par Heiss en 1691, c'est vraiment la figure d'un Nègre (2). Tel étoit aussi le peintre Higiemond, sur lequel on va lire une notice.

Sonnerat assure que les peintres indiens n'entendent pas la perspective ni le clair obscur, quoiqu'ils donnent un fini parfait à leurs ouvrages. Cependant Higiemond ou Higiemondo, nommé communement le Nègre, étoit reconnu pour un habile artiste qui, dans ses compositions, mettoit moins d'art que de naturel. C'est le jugement qu'en porte Joachim de Sandrart, dans son *Acade-*

---

(1) V. *Salutaris lux Evangelii*, etc., par Fabricius, p. 176 et suiv. Histoire du christianisme des Indes, par *la Croze*, in-8°, la Haye 1739, p. 73. Jobi Ludolfi, *Historia æthiopica*, in-fol., *Francofurti ad Mœnum* 1681.

(2) *V*. J. Ludolfi, *ad suam Historiam commentarius*, in-fol., *Francof. ad Mœn.* 1691, *præmium* 13.

mia

mia nobilissimæ artis pictoriæ (1). Il l'appelle très-célèbre (*clarissimus*), et se félicite d'avoir de lui quelques bons tableaux, mais il n'indique pas l'époque à laquelle il a vécu. L'épithète *nigrum*, dans le texte latin de Sandrart, seroit insuffisante pour prouver que Higiemond étoit Nègre, une foule de Blancs en Europe se nomment *Le Noir*. Les doutes s'évanouissent en voyant la figure de Higiemond, gravée, en 1693, par Kilian, et insérée dans les deux ouvrages de Sandrart; le premier, celui qu'on vient de citer (2); le second, son traité allemand, sous le titre italien, d'*Academia Tedesca delle architectura, scultura, pittura* (3).

Le savant de Murr révoque en doute l'existence de Higiemond. Ce nom, dit-il, est étranger aux langues d'Afrique;

_____

(1) *V*. in-fol., *Norimbergæ* 1683, c. xv, p. 34.
(2) *Ibid*. p. 180.
(3) 3 vol. in-fol. *Norimbergæ. V.* la seconde partie qui, dans l'exemplaire de la Bibliothèque impériale de Paris, est reliée comme première; et la nouvelle édition faite également à Nuremberg, en 1774, t. VI, p. 53, et t. VII, p. 194.

comme à celles de la Chine, et ce dernier pays n'a pas de Nègres. Parmi les peintres chinois les plus fameux, le P. du Halde cite Tong-Pech-Ho et Kjoh-She-Tchoh, sans parler de Higiemond. Ce nom paroît emprunté d'un passage de Pline le naturaliste : « *Apparet multo vetustiora, picturæ principia esse, eosque qui monochromata pinxerint (quorum aetas non traditur) aliquanto ante fuisse Higiemonem, Diniam, Charmodam, etc.* (1). Divers manuscrits portent Hygienontem, et Sandrart lui-même compte un Hygiaenon parmi les premiers peintres de portrait. De Murr en conclut que Sandrart, alors en Hollande, a été trompé par quelque brocanteur qui, en lui vendant des peintures chinoises, aura jugé à propos d'attribuer les meilleures à un nommé Higiemond (2).

Je rends grâces au savant de Nuremberg, pour ses observations ; mais ce qu'il allègue est-il autre chose qu'une conjecture ? Dans

---

(1) *Pline*, l. XXXV, c. VIII, § 34.
(2) Lettre de M. *de Murr*, etc., Nuremberg, 2 juin 1808.

le peu que l'on connoît des idiomes nègres, je ne vois rien, absolument rien qui repousse la dénomination de Higiemond. Un marchand de tableaux aura donné sans raison la qualité de chinois à un homme qui ne l'étoit pas, et dont le nom presque identique à celui d'un peintre ancien, forme une coïncidence comme tant d'autres. Cette explication est aussi plausible que la supposition d'un brocanteur assez familiarisé avec les auteurs anciens, pour emprunter de Pline le nom d'Higiemond, tandis qu'il pouvoit tout aussi facilement en forger un autre.

Le talent n'est exclusivement attaché à aucun pays, à aucune variété d'hommes. On a vu ici, en 1805, le premier peintre de la cour de Bade, qui est un Calmouk, nommé Fedor, et j'ai sous les yeux une pièce de vers anglais, dont l'objet est de célébrer le talent d'un peintre nègre des Etats-Unis (1). C'est ici l'occasion peut-être de rappeler qu'à Rome la peinture étoit un art interdit aux

---

(1) *V.* Poems on various subjects, etc., by *Phillis Wheatley*, in-12, Walpole 1803, p. 73 et suiv.

esclaves. Voilà pourquoi, dit Pline l'ancien, on n'en connoît point qui se soient distingués dans ce genre, ni dans la toreutique (1).

---

(1) V. *Pline*, l. xxxv, c. xvii; et les Mémoires de l'Académie des Inscriptions, t. XXXV, p. 345.

CHAPITRE VIII.

Notices de Nègres et de Mulâtres distingués par leurs talens et leurs ouvrages. Annibal, Amo, la Cruz-Bagay, Lislet-Geoffroy, Derham, Fuller, Bannaker, Othello, Cugoano, Capitein, Williams, Vassa, Sancho, Phillis-Wheatley.

ANNIBAL. Le Czar Pierre Ier, dans le cours de ses voyages, eut occasion de connoître le Nègre Annibal ou Hannibal, dont l'éducation fut cultivée, et qui, sous ce monarque, devint en Russie lieutenant-général et directeur du génie; il fut décoré du cordon rouge de l'ordre de Saint-Alexandre-Newski. Bernardin de Saint-Pierre, le colonel de la Harpe, et l'historien de Russie, Lévêque, ont connu son fils mulâtre, qui passoit pour un homme habile, et qui étoit, en 1784, lieutenant-général dans le corps de l'artillerie: c'est lui qui, sous les ordres du prince

Potemkin, ministre de la guerre, commença l'établissement du port et de la forteresse de Cherson, près l'embouchure du Dnieper.

AMO (Antoine-Guillaume), né en Guinée, fut amené très-jeune à Amsterdam, en 1707, et donné au duc de Brunswick-Wolfembutel, Antoine Ulric (1) qui le céda à son fils Auguste-Guillaume. Celui-ci l'envoya faire ses études aux Universités de Halle, en Saxe, et de Wittemberg. Dans la première, en 1729, sous la présidence du chancelier de Ludwig, il soutint une thèse, et publia une dissertation de *jure Maurorum* (2).

Amo étoit versé dans l'astronomie et parloit le latin, le grec, l'hébreu, le français, le hollandais et l'allemand.

---

(1) C'est le même prince qui publia les raisons d'après lesquelles il s'étoit déterminé à se faire catholique, dans un court mais excellent ouvrage, intitulé en anglais : *Fifty reasons or motives why the roman catholic apostolic religion ought to be preferred to all the sects*, etc., in-12, London 1798.

(2) Beschreibung des Saal-Creises, ou Description du cercle de la Saale, in-fol., Halle 1749, t. II, p. 28. Je dois cette indication, et la plupart de celles qui concernent Amo, à Blumenbach.

Il se distingua tellement par ses bonnes mœurs et ses talens, que le recteur et le conseil de l'Université de Wittemberg, crurent devoir, en 1733, lui rendre un hommage public par une épître de félicitation ; ils rappellent que Térence aussi étoit d'Afrique ; que beaucoup de martyrs, de docteurs, de pères de l'église, sont nés dans ce même pays où les lettres étoient florissantes, et qui, en perdant le christianisme, est retombé dans la barbarie.

Amo donnoit avec succès des cours particuliers, dont la même épître fait éloge : dans un programme publié par le doyen de la faculté de philosophie, il est dit de ce savant Nègre, qu'ayant discuté les systèmes des anciens et des modernes, il a choisi et enseigné ce qu'ils ont de meilleur (1).

Amo, devenu docteur, soutint, en 1744, à Wittemberg, une thèse, et publia une dissertation sur les sensations considérées comme

---

(1) *Excussis tam veterum quam novorum placitis, optima quæque selegit, selecta enucleate ac dilucide interpretatus est.*

absentes de l'ame, et présentes au corps humain (1). Dans une lettre que lui écrit le président, il l'appelle *vir nobilissime et clarissime;* ainsi l'Université de Wittemberg n'avoit pas, sur la différence de couleur, les préjugés absurdes de tant d'hommes qui se prétendent éclairés. Le président déclare n'avoir fait aucun changement à la Dissertation d'Amo, parce qu'elle est bien faite. Effectivement, l'ouvrage annonce un esprit exercé à la méditation ; il s'attache à établir les différences de phénomènes entre les êtres existans sans vie, et ceux qui ont la vie ; une pierre existe, mais elle n'est pas vivante.

Il paroît que les discussions abstruses avoient pour notre auteur un attrait particulier, car, devenu professeur, il fit soutenir, dès la même année, une thèse analogue

---

(1) *Dissertatio inauguralis philosophica de humanæ mentis* ΑΠΑΘΕΙΑ*: seu sensionis ac facultates sentiendi in mente humana absentia, et earum in corpore nostro organico ac vivo præsentia, quam præside*, etc., *publice defendit autor* Ant. Guil. Amo, *Guinea-afer philosophiæ, ect. L. C. magister,* etc., 1734, in-4°, *Wittenbergæ.* A la fin sont imprimées plusieurs pièces, entre autres les lettres de félicitation du recteur, etc.

à la précédente, sur le discernement à établir entre les opérations de l'esprit et celles des sens (1). La cour de Berlin lui avoit conféré le titre de conseiller d'Etat (2); mais après la mort du prince de Brunswick, son bienfaiteur, Amo, tombé dans une mélancolie profonde, résolut de quitter l'Europe qu'il avoit habitée pendant trente ans, et de retourner dans sa terre natale à Axim, sur la Côte-d'Or. Il y reçut, en 1753, la visite du savant voyageur et médecin David-Henri Gallandat, qui en parle dans les Mémoires de l'Académie de Flessingue, dont il étoit membre.

Amo, alors âgé d'environ cinquante ans, y menoit la vie d'un solitaire; son père et sa sœur existoient encore, et son frère étoit esclave à Surinam. Quelque temps après, il

---

(1) *Disputatio philosophica continens ideam distinctam earum quæ competunt vel menti vel corpori nostro vivo et organico, quam consentiente amplissimorum philosophorum ordine præside M. Ant. Guil. Amo, Guinea-afer, defendit* Joa. Theod. Mainer, philos., et J. V. Cultor, in-4°, 1734, *Wittenbergæ*.

(2) *V.* Le Monthly magazine, in-8°, New-York 1800, t. I, p. 453 et suiv.

quitta Axim, et s'établit à Chama, dans le Fort de la compagnie hollandaise de Saint-Sébastien (1).

J'ai fait d'inutiles recherches pour découvrir si Amo a publié d'autres ouvrages, et à quelle époque il est mort.

LACRUZ-BAGAY. Les anciens habitans des Philippines étoient noirs, si l'on en croit les auteurs qui ont parlé de ces îles, et surtout Gemelli Carreri. Fût-il vrai qu'il n'ait voyagé que dans sa chambre, comme le pensent quelques personnes, du moins il a rédigé son ouvrage sur de bons matériaux, et il est reconnu pour véridique. Beaucoup de Noirs à cheveux crépus, et très-passionnés pour la liberté, y vivent encore dans les montagnes et les forêts. Ils ont même donné leur nom à l'île de *Negros*, l'une de celles qui composent cet archipel. Quoique cette population se soit mélangée de Chinois, d'Européens, d'Indiens, de Malais, la couleur générale est la noire, et lorsqu'elle n'est pas assez fon-

---

(1) *V.* Verhandelingen vitgegeven door het zeeuwsch genootschap der wetenschappen te Vlissingen, in-8°, te Middelburg 1782, t. IX, p. 19 et suiv.

cée, les femmes qui, dans tout pays appellent l'art au secours de la nature, et vont au même but par des moyens divers, fortifient leur couleur par l'emploi de différentes drogues (1).

Entre les variétés qu'a produites le croisement des races, on distingue spécialement les Tagales qui ont des conformités de stature, de couleur et de langage avec les Malais; si cette observation s'applique à Bagay, dont je vais parler, on pourroit douter s'il étoit absolument Nègre, ou seulement Sang-mêlé, je dois dénoncer moi-même mon incertitude. Carreri nomme la langue tagale en tête de six qui sont le plus usitées dans ces îles; il cite le dictionnaire qu'en a fait un cordelier (2); un autre vocabulaire tagale, est imprimé dans le père Navarette; un troisième a été publié à Vienne, en 1803 (3).

---

(1) *V.* Voyage autour du monde, traduit de l'italien de *Gemelli Carreri*, in-12, Paris 1719, t. V, p. 64 et suiv.; p. 135 et suiv. *V.* aussi l'Encyclopédie méthodique, article *Philippines*.

(2) *Ibid.*, p. 142, 143.

(3) Ueber die tagalische sprache von *Franz Carl Allers*, in-8°, Vienne 1803.

En général on a peu de notions sur les Philippines; il semble que le gouvernement espagnol ait voulu dérober à l'Europe la connoissance de cette portion du globe, où il entretenoit une administration régulière, un clergé nombreux, des colléges et des imprimeries; mais du moins nous en avons une carte tracée sur une grande dimension; cette carte estimée et très-curieuse, composée par le père Murello Velarde, jésuite, a été gravée à Manille, par Nicolas de la Cruz-Bagay, Indien tagale (1). C'est ce Bagay que je voulois amener sur la scène. Une notice jointe à cette carte attribue aux naturels du pays, beaucoup d'aptitude pour la peinture, la sculpture, la broderie et tous les arts du dessin. Le travail de Bagay peut être allégué en preuve de cette assertion. Cette carte a été réduite, en 1750, à Nuremberg, par Lowitz, professeur de mathématiques. Je manquerois à la reconnois-

---

(1) *V. Carta hydrographica y chorographica de las islas Filipinas*, etc., hecha por el *P. Murillo Velarde*, etc., en Manilla ano de 1734, esculpio *Nicolas de la Cruz-Bagay*, Indio tagalo.

sance, si je terminois cet article, sans remercier Barbier du Bocage, qui m'a communiqué très-obligeamment ces cartes et le dictionnaire tagale.

Lislet-Geoffroy, Mulâtre au premier degré, est un officier attaché au génie, et chargé du dépôt des cartes et plans de l'Ile-de-France. Le 23 août 1786, il fut nommé correspondant de l'académie des sciences, il est désigné comme tel dans la *Connoissance des temps* pour l'année 1791, publiée en 1789 par cette société savante, à laquelle Lislet envoyoit régulièrement des observations météorologiques, et quelquefois des journaux hydrographiques. La classe des sciences physiques et mathématiques s'est fait un devoir de se rattacher comme correspondans et associés, ceux de l'académie des sciences. Par quelle fatalité Lislet est-il le seul excepté? Seroit-ce à raison de sa couleur? Je repousse un soupçon qui seroit pour mes confrères un outrage. Certes, depuis vingt ans, loin de démériter, Lislet s'est acquis de nouveaux titres à l'estime des savans.

Sa carte des îles de France et de la Réunion, dressée d'après les observations astronomiques, les opérations géométriques de la Caille, et les plans particuliers qui avoient été levés, a été publiée en 1797 (an 5), par ordre du ministre de la marine, et m'a été donnée par Buache. Une nouvelle édition, rectifiée d'après les dessins envoyés par l'auteur, a paru en 1802; jusqu'ici c'est la meilleure que l'on connoisse de ces îles.

Dans l'almanach de l'Ile-de-France, que je n'ai pu trouver à Paris, Lislet a inséré des Mémoires, entr'autres, la description du Pitrebot, l'une des plus hautes montagnes de l'île (1).

L'institut, devenu légataire des diverses académies de Paris, publiera sans doute une précieuse collection de Mémoires qui sont en manuscrit dans ses archives. On y trouve la relation d'un voyage de Lislet à la baie de Sainte-Luce, île de Madagascar, que vient d'imprimer Malte-Brun dans ses annales des voyages; elle est accompagnée d'une

---

(1) Ce fait m'est communiqué par un botaniste distingué, *Aubert du Petit-Thouars*, qui a résidé dix ans dans cette colonie.

carte de cette baie et de la côte. Lislet indique les objets d'échange à porter, les ressources qu'elle présente, et qui s'accroîteroient, dit-il, si, au lieu de fomenter des guerres entre les indigènes pour avoir des esclaves, on encourageoit leur industrie par l'espérance d'un commerce avantageux. Les notions qu'il donne sur les mœurs des Madécasses, sont très-curieuses. Ses descriptions annoncent un homme versé dans la botanique, la physique, la géologie, l'astronomie; cependant jamais il n'est venu sur le continent pour cultiver ses goûts et acquérir des connoissances; il a lutté contre les obstacles que lui opposoient les préjugés du pays. On peut raisonnablement présumer qu'il eût fait plus, si dès sa jeunesse amené en Europe, vivant dans l'atmosphère des savans, il eût trouvé autour de lui les moyens qui peuvent si puissamment stimuler la curiosité et féconder le génie.

Je tiens de quelqu'un qui étoit de l'expédition du capitaine Baudin, que Lislet ayant formé à l'Ile-de-France une société des sciences, quelques Blancs ont refusé d'en être membres, uniquement parce qu'un Noir en est le fondateur; par là même n'ont-ils pas prouvé qu'ils en étoient indignes?

DERHAM (Jacques), esclave à Philadelphie, fut cédé par son maître à un médecin qui l'employa à préparer des drogues. Pendant la guerre d'Amérique, il fut vendu par le médecin à un chirurgien, et par ce dernier au docteur Robert Dove, de la Nouvelle Orléans. Derham, qui n'avoit pas été baptisé, a voulu l'être, et s'est agrégé à l'église anglicane. Il parle avec grâce l'anglais, le français, l'espagnol. En 1788, à l'âge de vingt-six ans, il est devenu le médecin le plus distingué de la Nouvelle Orléans. « J'ai conversé avec
» lui sur la médecine, dit le docteur Rush,
» je l'ai trouvé très-instruit. Je croyois pou-
» voir lui donner des renseignemens sur le
» traitement des maladies, mais j'en ai plus
» appris de lui qu'il ne pouvoit en attendre
» de moi ». La société pensylvanienne, établie en faveur des Nègres, crut devoir, en 1789, publier ces faits, rapportés également par Dickson (1). On trouve dans la

---

(1) P. 184.

Médecine

Médecine domestique de Buchan (1), et la *Médecine du voyageur*, par Duplanil, le spécifique qui guérit la morsure du serpent à sonnettes. J'ignore si l'inventeur est Derham; mais un fait certain, c'est qu'on le doit à un Nègre auquel l'assemblée générale de la Caroline donna la liberté, et décerna pour récompense une pension viagère de cent livres sterlings (2). Blumenbach, voyageant en Suisse, vit à Yverdun une Négresse qui étoit citée comme la personne la plus habile du pays dans l'art des accouchemens. Il rappelle à cette occasion, que Boërhave et de Haen, ont vanté le talent de plusieurs Nègres pour la médecine. Le nom de Derham peut s'ajouter honorablement à cette liste.

FULLER (Thomas), né en Afrique, et résidant à quatre mille d'Alexandrie, en Virginie, ne sachant ni lire, ni écrire, s'est fait admirer par sa prodigieuse facilité pour les calculs les plus difficiles. Entre les traits par lesquels on a mis son talent

---

(1) *Buchan*. V. sa Médecine domestique, Paris 1783, t. III, p. 518.

(2) V. Médecine du voyageur, par *Duplanil*, 3 vol. in-8°, Paris 1801, t. III, p. 272.

à l'épreuve, nous choisissons le suivant. Un jour on lui demande combien de secondes avoit vécu un homme âgé de 70 ans, tant de mois et de jours, il répond dans une minute et demie. L'un des interrogateurs, prend la plume, et, après avoir longuement chiffré, prétend que Fuller s'est trompé en plus. Non, lui dit le Nègre, l'erreur est de votre côté, car vous avez oublié les bissextiles; le calcul se trouva juste. On doit ces détails au docteur Rush, dont la lettre est citée dans le Voyage de Stedman (1), et ils sont consignés dans le cinquième tome de l'*American Museum* (2), imprimé il y a quelques années. Thomas Fuller avoit alors 70 ans. Brissot, qui l'avoit connu en Virginie, rend le même témoignage à son ha-

---

(1). *V.* Narrative of a five year's expedition against the revolted negroes of Surinam, etc., by cap. *J. G. Stedman*, 2 vol. in-4°, London 1796; *V.* t. II, c. XXVI. La traduction française de cet ouvrage, t. III, p. 61 et suiv., dans la question adressée à *Fuller* a oublié le mot *secondes*, ce qui rend la question absurde.

(2) *V.* American Museum, t. V, p. 2.

bileté (1). On a d'autres exemples de Nègres, qui de tête faisoient des calculs très-compliqués, et pour lesquels des Européens étoient obligés de recourir aux règles de l'arithmétique (2).

BANNAKER (Benjamin), Nègre du Maryland, établi à Philadelphie, sans autre encouragement que sa passion pour acquérir des connoissances, sans autres livres que les ouvrages de Ferguson, et les tables de Tobie Mayer, s'est appliqué à l'astronomie. Il a publié, pour les années 1794 et 1795, in-8°., à Philadelphie, des Almanachs astronomiques, dans lesquels sont calculés et présentés les divers aspects des planètes, la table des mouvemens du soleil et de la lune, de leurs levers, de leurs couchers, et d'autres calculs (3). Bannaker a été affranchi.

---

(1) *Brissot. V.* ses voyages, t. II, p. 2.
(2) V. *Clarkson*, p. 125.
(3) *Benjamin Bannaker's*, Almanack for 1794, containing the motions of the sun and moon, the true places and aspects of the planetes, the rising and setting of the sun and the moon, the eclipses, etc., in-8°, Philadelphia.
B. Bannaker's, Pensilvania, Delaware, Maryland and Virginia, Almanack for 1795, in-8°.

Dans une lettre congratulatoire que lui adresse le président des États-Unis (1), Jefferson rétractant, en quelque sorte, ce qu'il avoit dit dans ses notes sur la Virginie, se réjouit de voir que la nature a gratifié ses frères noirs, de talens égaux à ceux des autres couleurs; il en conclut que leur défaut apparent de génie n'est dû qu'à leur condition dégradée en Afrique et en Amérique.

Imlay dit avoir connu, dans la nouvelle Angleterre, un Nègre savant en astronomie, et qui avoit composé des Ephémérides (2). Il ne le nomme pas. Si c'est Bannaker, c'est un témoignage de plus en sa faveur; si c'est un autre, c'est un témoignage de plus en faveur des Nègres.

OTHELLO publia, en 1788, à Baltimore, un *Essai contre l'esclavage des Nègres.*

---

(1) Ce fait nous est révélé par *Fessenden*, dans son libelle en 2 vol., intitulé : Democracy unveiled or tyranny stripped of the garb of patriotism, by Christopher Caustic, 2 vol. in-8°, 3ᵉ edit., New-York 1806, t. II, p. 52. Le libelliste fait un crime à *Jefferson* d'un acte digne de tout éloge.

(2) *V.* A Topographical description, etc., p. 212 et 213.

« Les puissances européennes auroient dû
» s'unir, dit-il, pour abolir ce commerce
» infernal, et ce sont elles qui ont porté la
» désolation en Afrique ; elles déclament
» contre les Algériens, elles maudissent
» les barbaresques qui habitent un coin de
» cette partie du globe, où de féroces Euro-
» péens vont acheter et enlever des hommes
» pour les torturer ; et ce sont des nations
» soi-disant chrétiennes, qui s'avilissent au
» rôle de bourreaux. Votre conduite, ajoute
» Othello, comparée à vos principes, n'est-
» elle pas une ironie sacrilége ? Osez parler
» de civilisation et d'Evangile, c'est pro-
» noncer votre anathême. La supériorité
» du pouvoir ne produit en vous qu'une su-
» périorité de brutalité, de barbarie ; la foi-
» blesse, qui appelle la protection, semble
» provoquer votre inhumanité ; vos beaux
» systèmes politiques sont souillés par des
» outrages à la nature humaine et à la ma-
» jesté divine.

» Quand l'Amérique s'est insurgée contre
» l'Angleterre, elle a déclaré que tous les
» hommes ont les mêmes droits. Après avoir
» manifesté sa haine contre les tyrans, au-

» roit-elle apostasié ses principes ? Il faut
» bénir les mesures prises en Pensylvanie,
» en faveur des Nègres ; mais il faut exécrer
« celles de la Caroline du Sud qui naguères
» défendit d'enseigner à lire aux esclaves.
» A qui donc s'adresseront ces malheureux ?
» La loi les néglige ou les frappe ».

Othello peint en traits de feu la douleur et les sanglots d'enfans, de parens et d'amis, entraînés loin du pays qui les vit naître, pays toujours cher à leur cœur, par le souvenir d'une famille et des impressions locales ; tellement cher, qu'un des articles de leur superstitieuse crédulité, est d'imaginer qu'ils y retourneront après leur mort. Au bonheur dont ils jouissoient dans leur terre natale, Othello oppose leur état horrible en Amérique, où nus, affamés, sans instruction, ils voient tous les maux s'accumuler sur leurs têtes ; il espère qu'enfin leurs cris s'éleveront au ciel (1), et que le ciel les exaucera.

Très-peu d'ouvrages sont comparables à celui d'Othello, pour la force des raisons

---

(1) *V.* American Museum, t. IV, p. 414 et suiv.

et la chaleur de l'éloquence ; mais que peuvent l'éloquence et la raison, contre l'avarice et le crime ?

CUGOANO (Ottobah), né sur la côte de Fantin, dans la ville d'Agimaque, raconte lui-même qu'il fut enlevé de son pays avec une vingtaine d'autres enfans des deux sexes, par des brigands européens qui, en agitant leurs pistolets et leurs sabres, menaçoient de les tuer, s'ils tentoient de s'échapper. « On les entassa avec d'autres, et bientôt, » dit-il, je n'entendis plus que le cliquetis » des chaînes, le sifflement des coups de » fouets, et les hurlemens de mes compa- » triotes ». Esclave à la Grenade, il dut sa liberté à la générosité du lord Hoth, qui l'amena en Angleterre. Il y étoit, en 1788, au service de Cosway, premier peintre du prince de Galles. Piatoli, auteur d'un traité italien, sur les *lieux et les dangers des sépultures*, que Vicq-d'Azir traduisit en français à la demande de d'Alembert, Piatoli, qui, dans un long séjour à Londres, connut particulièrement Cugoano, alors âgé d'environ quarante ans, et marié à une Anglaise, fait un grand éloge de cet Africain ; il vante sa pieté, son caractère doux et modeste, ses mœurs intègres et ses talens.

Long-temps esclave, Cugoano avoit partagé le sort de ces malheureux, que l'iniquité des Blancs déprave et calomnie.

Comme Othello, il peint le spectacle lamentable des Africains forcés de dire un éternel adieu à leur terre natale ; les pères, les mères, les époux, les frères, les enfans invoquant le ciel et la terre, se précipitant dans les bras les uns des autres, se baignant de larmes, s'embrassant pour la dernière fois, et sur le champ arrachés à tout ce qu'ils ont de plus cher. Ce spectacle, dit-il, attendriroit des monstres, mais non des colons (1).

A la Grenade, il avoit vu déchirer des Nègres à coups de fouet, pour avoir été le dimanche à l'église au lieu d'aller au travail. Il avoit vu casser les dents à d'autres, pour avoir sucé quelques cannes à sucre (2). Dans

---

(1) *V.* ses Réflexions sur la traite et l'esclavage des Nègres, traduites de l'anglais, in-12, Paris 1788, p. 10.

(2) *Ibid.*, p. 184.

une foule de traits, consignés sur les registres des cours de justice, il cite le suivant : Lorsque les capitaines Négriers manquent de provisions, ou que leur cargaison est trop forte, leur usage est de jeter à la mer ceux de leurs Nègres qui sont malades, ou dont la vente promet moins de profit.

En 1780, un capitaine négrier retenu par les vents contraires, sur les côtes américaines, et dans un état de détresse, choisit cent trente-deux de ses esclaves les plus malades, et les fit jeter à la mer, liés deux à deux afin qu'ils ne pussent échapper à la nage. Il espéroit que la compagnie d'assurance le dédommageroit ; dans le procès qu'a occasionné ce crime, il disoit : « Les Nègres » ne peuvent être considérés que comme des » bêtes de somme, et pour alléger le vaisseau, il est permis de livrer aux flots les » effets les moins précieux et les moins lucratifs ».

Quelques-uns de ces malheureux s'étoient échappés des mains de ceux qui les lioient, et s'étoient eux-mêmes précipités, l'un fut sauvé par les cordes que lui tendirent les matelots d'un autre vaisseau ; le barbare assassin de ces innocens, eut l'audace de le réclamer comme sa propriété ; les juges rejetèrent sa demande (1).

La plupart des auteurs, qui avoient censuré le commerce de l'espèce humaine, avoient employé les seules armes de la raison ; une voix s'éleva pour faire retentir le cri de la religion, pour prouver, par la Bible, que le vol, la vente, l'achat des hommes, leur détention dans l'esclavage, sont des forfaits dignes de mort ; et cette voix étoit celle de Cugoano, qui publia en anglais ses *Réflexions sur la traite et l'esclavage des Nègres*, dont nous avons une traduction française.

Son ouvrage est peu méthodique ; il y a des longueurs, parce que la douleur est verbeuse ; l'homme profondément affecté, craint toujours de n'avoir pas assez dit, de n'être pas assez compris ; on y trouve un talent sans culture, auquel une éducation soignée eût fait faire de grands progrès.

Après quelques observations sur les causes qui différencient les complexions et la cou-

(1) *Ibid.*, p. 134 et suiv.

leur, telles que le climat, le caractère physique du pays, le régime diététique, il demande : « s'il est plus criminel d'être Noir
» ou Blanc, que de porter un habit blanc
» ou noir; si la couleur et la forme du corps
» sont un titre pour enchaîner des hommes
» dont les vices sont l'ouvrage des colons,
» et que le régime de la liberté, une éducation chrétienne conduiroient à tout ce qui
» est bon, utile et juste; mais puisque les
» colons ne voient qu'à travers les voiles
» de l'avarice et de la cupidité, tout esclave
» a le droit imprescriptible de se soustraire
» à leur tyrannie.

» Les Nègres n'ont jamais franchi les
» mers pour voler des Blancs; s'ils l'eussent
» fait, les nations européennes crieroient
» au brigandage, à l'assassinat; elles se
» plaignent des barbaresques, tandis qu'elles
» font pis à l'égard des Nègres; ainsi à qui
» doivent rester ces qualifications odieuses ?
» Les factoreries européennes en Afrique,
» ne sont que des cavernes de bandits et de
» meurtriers; or, voler des hommes, leur
» ravir la liberté, c'est plus que prendre leurs
» biens. Dans cette Europe, qui se prétend

» civilisée, on enchaîne, ou l'on pend les
» voleurs, on envoie au supplice les assas-
» sins, et si les négriers et les colons ne su-
» bissent pas cette peine, c'est que les peu-
» ples et les gouvernemens sont leurs com-
» plices, puisque les loix encouragent la
» traite, et tolèrent l'esclavage. Aux crimes
» nationaux le ciel inflige quelquefois des
» punitions nationales : d'ailleurs, tôt ou
» tard l'injustice est fatale à ses auteurs ».
Cette idée qui se rattache aux grandes vues
de la religion, est très-bien développée dans
cet ouvrage ; il prédit que le courroux du
ciel frappera l'Angleterre qui, sur la traite
annuelle de quatre-vingt mille esclaves pour
les colonies, fait elle seule deux tiers de ce
commerce.

En tout temps il y eut, dit-on, des esclaves ; mais en tout temps il y eut aussi des
scélérats ; les mauvais exemples n'ont jamais
légitimé les mauvaises actions. Cugoano
établit la comparaison entre l'esclavage ancien et le moderne, et prouve que ce dernier, chez les chrétiens, est pire que chez
les païens, pire surtout que chez les Hébreux
qui n'enlevoient pas les hommes pour les

asservir, ne les vendoient pas sans leur consentement, et ne mettoient pas à prix la tête des fugitifs. Le Deuteronome dit même formellement: « Tu ne livreras pas à son maître » l'esclave fugitif qui a cherché un asile » dans ta maison (1) ». A l'expiration de la septième année qui étoit jubilaire, l'homme étoit rendu de droit à la liberté; en un mot, la servitude chez les Hébreux n'étoit qu'un vasselage temporaire.

De l'Ancien Testament, l'auteur passe au Nouveau; il en discute les faits, les principes, et l'on sent quelle supériorité donne à ses argumens cette morale céleste, qui ordonne d'aimer le prochain comme nous mêmes, de faire à autrui ce que nous désirons pour nous. « Je voudrois, dit-il, en l'honneur du christianisme, que l'art odieux » de voler les hommes eût été connu des » païens (2) »; il devoit dire: pour l'honneur des chrétiens. La traite et l'esclavage des

---

(1) *Deuteronome*, XXIII, 15.

(2) La langue anglaise est peut-être la seule qui, pour l'action de voler des enfans, ait un terme propre, *kidnap*, verbe, et ses dérivés.

Nègres, est la plus grande iniquité qui déshonore le nom chrétien ; mais cette iniquité dont la religion gémit, ne l'inculpe pas plus que des prévarications des juges n'inculpent la justice.

« Le clergé, par son institution, est mes-
» sager d'équité ; il doit veiller sur la société,
» lui dévoiler ses erreurs, la ramener à la
» vérité, à la vertu, sinon les péchés pu-
» blics frappent sur sa tête. Or, il est évi-
» dent que les ecclésiastiques ne connois-
» sent pas la vérité, ou qu'ils n'osent la dire ;
» dès-lors ils entrent en partage des forfaits
» nationaux ».

Il auroit pu ajouter que l'adulation et la lâcheté sont des vices sur lesquels le clergé de ces derniers siècles n'instruit presque jamais, et dont il a souvent donné l'exemple. On connoît la conduite et les réponses de S. Ambroise à Théodose, de S. Basile au préfet Modeste ; d'autres ont occupé leurs siéges, mais ont-ils eu beaucoup de successeurs ? Quoique Bossuet fut, comme on l'a dit, non un prélat de cour, mais un prélat à la cour, peut-être eussent-ils pensé que sa réponse à la question de Louis XIV, sur la comédie, sentoit encore un peu le courtisan, et pas assez l'évêque.

Le bon Cugoano avoit vu partout des temples élevés au Dieu des chrétiens, et des pasteurs chargés de répéter ses préceptes; pouvoit-il croire que des enfans de l'Evangile fouleroient aux pieds la morale consacrée dans le livre dépositaire des oracles divins? il a eu trop bonne opinion des Européens, et cette erreur, qui honore son cœur, est pour eux une flétrissure de plus.

CAPITEIN (Jacques-Elisa-Jean), né en Afrique, fut acheté, à l'âge de sept ou huit ans, sur les bords de la rivière Saint-André, par un marchand négrier, qui en fit présent à l'un de ses amis. Celui-ci donna au jeune Nègre le nom de Capitein, le fit instruire et baptiser, et l'amena en Hollande, où il apprit la langue du pays, et se livra d'abord à la peinture, pour laquelle il avoit une grande inclination. Il fit ses premières études à La Haye. Mlle Roscam, pieuse et savante, qui, semblable à Mlle Schurman, s'occupoit beaucoup des langues, enseigna au jeune Africain le latin, et les élémens du grec, de l'hébreu, du chaldéen. De La Haye il passa à l'Université de Leyde, trouva partout des protecteurs zélés, et se livra à la théologie, sous d'habiles professeurs, avec l'intention de retourner dans son pays pour y porter la foi à ses compatriotes. Après avoir fait ses cours pendant quatre ans, il prit ses grades, et fut envoyé, en 1742, comme missionnaire calviniste, à Elmina, en Guinée. Une gazette anglaise s'appuyant de l'autorité de Metzère, ministre de l'Evangile à Harlem, débitoit, comme bruit vague, que Capitein, retourné en Guinée, y avoit repris les mœurs idolatres (1). Cette anecdote est seulement adoucie dans une lettre que m'adresse de Vos, ministre mennonite d'Amsterdam, auteur de bons ouvrages contre l'esclavage des Nègres et le duel. Il prétend que Capitein, cité avec éloge avant son départ, et dont le portrait, gravé par Tanjé d'après Van Dyck, circuloit dans toute la Hollande, ne soutint pas sa réputation ; qu'à son retour en Europe, des bruits fâcheux se répandirent sur l'immoralité de

---

(1) *V.* le journal, the Merchant, n° 31, 14 août 1802.

sa conduite : on assure même, dit-il, qu'il n'étoit pas éloigné d'abjurer le christianisme. Si le premier article est vrai, le second devient probable ; comme tant d'autres il se seroit fait incrédule pour s'étourdir sur les infractions à la morale évangélique. Cependant ces reproches sont-ils fondés ? De Vos lui-même en atténue une partie par la manière douteuse dont il les énonce, et Blumenbach m'a écrit et répété que ses recherches ne lui avoient procuré aucun renseignement contre Capitein, dont il a fait graver le portrait dans ses recueils sur les variétés de figures humaines.

Le premier ouvrage de notre Africain, est une élégie en vers latins, sur la mort de Manger, ministre à La Haye, son maître et son ami. Je vais en citer le commencement, en y joignant une traduction libre.

ÉLÉGIE (1).

La mort inexorable lance ses traits sur l'Univers, personne n'échappe à leur atteinte. Elle pénètre dans les palais des rois, et leur commande de déposer le sceptre ; aux guerriers, elle arrache leurs trophées, et leur dérobe le spectacle de leur pompe triomphale ; les trésors du riche qu'elle distribue, et la cabane du pauvre deviennent sa proie : sous sa faux tombent indistinctement la jeunesse et la vieillesse, comme les épis sous la main du moissonneur. Couverte d'un voile lugubre, elle franchit le seuil de la demeure de

---

(1) ELEGIA.

Invida mors totum vibrat sua tela per orbem :
Et gestit quemvis succubuisse sibi.
Illa, metûs expers, penetrat conclavia regum ;
Imperiique manu ponere sceptra jubet.
Non sinit illa diù partos spectare triumphos :
Linquere sed cogit, clara tropæa duces.
Divitis et gazas, aliis ut dividat, omnes,
Mendicique casam vindicat illa sibi.
Falce senes, juvenes, nullo discrimine, dura,
Instar aristarum, demittit illa simul.
Hic fuit illa audax, nigro velamine tecta,
Limina Maugeri sollicitare domûs.

Manger. A l'aspect du cyprès élevé devant sa porte, cette illustre cité, La Haye, élève une voix gémissante. Son épouse chérie se déchire le sein, en couvrant de larmes le cercueil de son bien-aimé; sa désolation est celle de Noémi, condamnée au veuvage par la mort d'Elimelech. Ses sanglots redoublés invoquent les manes de son époux, et de ses lèvres frémissantes la douleur s'exhale en ces termes :

« Tel que le soleil, sous d'épais nuages, dérobe à la terre ses rayons propices, tel à mes yeux tu disparois, ô toi qui faisois mon bonheur, et qui feras à jamais ma gloire. Je ne t'envie pas l'avantage de me précéder dans

---

Hujus ut ante domum steterat funesta cypressus,
Luctisonos gemitus nobilis Haga dedit.
Hunc lacrymis tinxit gravibus carissima conjux,
Dum sua tundebat pectora sæpe manu.
Non aliter Naomi, cum te viduata marito,
Profudit lacrymas, Elimeleche, tua.
Sæpe sui manes civit gemebunda mariti,
Edidit et tales ore tremente sonos :
Condit ut obscuro vultum velamine Phœbus,
Tractibus ut terræ lumina grata negat;
O decus immortale meum, mea sola voluptas !
Sic fugis ex oculis in mea damna meis.
Non equidem invideo, consors, quod te ocyor aura

le séjour de l'éternelle félicité ; mais toujours présent à mes souvenirs, soit que la nuit invite la terre au repos, soit qu'elle fuye au retour de la lumière, ils accusent le trépas et t'appellent dans ma couche solitaire. Quand naîtra le jour qui doit renouer pour nous les liens de l'hymen ? Contristée par ce crêpe funèbre qui entoure l'asile consacré par toi à la piété et à l'étude, mon ame s'évanouit en voyant des torrens de pleurs ruisseler des yeux de ces enfans, les gages de notre tendresse. Quand, déchiré par la dent sanguinaire du loup, le berger a péri, ses brebis égarées réclament en vain leur conducteur, et font retentir les airs de bêlemens plain-

---

Transtulit ad lœtas æthereas que domos.
Sed quoties mando placidæ mea membra quieti,
Sive dies veniat, sum memor usque tui.
Te thalamus noster raptum mihi funere poscit.
Quis renovet nobis fœdera rupta dies ?
En tua sacra deo sedes studiisque dicata,
Te propter, mæsti signa doloris habet.
Quod magis, effusas, veluti de flumine pleno,
Dant lacrymas nostri pignora cara tori.
Dentibus ut misere fido pastore lupinis
Conscisso teneræ disjiciuntur oves,
Aeraque horrendis, feriunt balatibus altum,
Dum scissum adspiciunt voce cientque ducem :

tifs : ainsi retentissent nos foyers des cris de la désolation en contemplant ton cadavre inanimé. A ces cris de la veuve et des orphelins se mêlent les accens de la poésie qui déplore ta perte, en vers dignes d'un tel sujet.

Il n'est plus ce mortel, l'honneur du clergé et de son épouse; ce mortel également chéri d'une nation pieuse, et des régulateurs de la puissance. Elles sont fermées ces lèvres sur lesquelles la religion avoit imprimé sa sagesse, sur lesquelles je cueillois des consolations. Avec quelle rapidité s'est éteinte cette voix que le ciel avoit douée de la plus suave éloquence! Que l'antiquité vante celle du vieux Nestor; Nestor dans Manger eût trouvé un vainqueur, etc.

Sic querulis nostras implent ululatibus ædes,
Dum jacet in lecto corpus inane tuum.
Succinit huic vatum viduæ pia turba querenti,
Funera quæ celebrat conveniente modo.
Grande sacerdotum decus, et mea gloria cessat,
Deliciam domini, gentis amorque piæ!
Clauditur os blandum sacro de fonte rigatum,
Fonte meam pessum quo relevare sitim!
Hei mihi! quam subito fugit facundia linguæ,
Cælesti dederat quæ mihi melle frui.
Nestoris eloquium veteres jactate poetæ,
Ipso Mangerius Nestore major erat, etc.

Pour son entrée à l'Université de Leyde, Capitein publia, sur la vocation des Gentils (1), une dissertation latine divisée en trois parties ; il y établit, d'après l'Ecriture sainte, la certitude de cette promesse, qui embrasse l'universalité des peuples, quoique la manifestation de l'Evangile ne doive s'opérer chez eux que d'une manière successive. Il veut que, pour coopérer à cet égard aux desseins de Dieu, on favorise l'étude de leurs langues, et qu'on leur envoie des missionnaires qui, par la voie douce de la persuasion, s'en faisant aimer, les disposeront à recevoir la lumière évangélique.

Les Espagnols, et plus encore les Portugais, sont incontestablement les nations qui traitent le mieux les Nègres. Chez eux, le christianisme inspire un caractère de paternité qui place les esclaves à très-peu de distance des maîtres. Ceux-ci n'ont pas établi la noblesse de la couleur, ne dédaignent pas de s'unir par le mariage avec des Négresses, et facilitent aux esclaves les moyens de reconquérir la liberté.

---

(1) De vocatione Ethnicorum.

Dans les autres colonies, souvent on a vu des planteurs s'opposer à ce que leurs Nègres fussent instruits d'une religion qui proclame l'égalité des hommes sortis d'une souche commune, participant tous aux bienfaits du Père des humains, qui ne fait acception de personne. Une foule d'écrivains ont développé ces vérités consolantes : parmi ceux de nos jours, il suffit de citer Robert-Robinson (1), Hayer, Roustan, Ryan traduit en français par Boulard; Turgot, dans un discours magnifique que m'a communiqué Dupont de Nemours, qui se propose de le publier, etc. La tyrannie politique et l'esclavage sont des attentats contre l'Evangile. La basse adulation d'un grand nombre d'évêques et de prêtres n'a pu faire introduire d'autres maximes, qu'en dénaturant la religion.

Des planteurs hollandais, étouffant la voix

---

(1) Slavery inconsistent with the spirit of christianity, a sermon preached at Cambridge, etc., by *Robert Robinson*, in-8°, Cambridge 1788. Il assure, p. 14, que les Africains ont les premiers baptisé des enfans pour les sauver de l'esclavage.

de la conscience, furent sans doute les instigateurs de Capitein, devenu l'apologiste d'une mauvaise cause. Croyant, ou feignant de croire, que par le maintien de la servitude on favoriseroit la propagation de la foi, il composa une dissertation politico-théologique pour soutenir que l'esclavage n'est pas opposé à la liberté évangélique (1). Cette assertion scandaleuse se reproduisit, il y a quelques années, dans les Etats-Unis. Un ministre, nommé John Beck, osa prêcher et imprimer, en 1801, deux sermons pour la justifier (2). Sachons gré à Humphrey d'avoir attaché le nom de John Beck au poteau de l'ignominie (3).

---

(1) *Dissertatio politico-theologica de servitute libertati christianæ non contraria*, quam sub præside J. Van den Honert, *publicæ disquisitioni subjicit* J. T. J. Capitein, *afer, in-4°, Lugduni Batavorum*, 1742.

(2) The Doctrine of perpetual bondage reconciliable with the infinite justice of God, a truth plainly asserted in the jewish and christian scripture, by *John Beck*, etc.

(3) A Valedictory discourse delivered before the *Cincinnati* of Connecticut at Hartford july 4th 1804,

Capitein ne se dissimule pas la difficulté de son entreprise, et particulièrement de répondre à ce texte de S. Paul : *Vous avez été rachetés, ne vous rendez esclaves de personne* (1). Il suppose (je ne dis pas il prouve) que cette décision exclut seulement les engagemens avec des maîtres idolâtres, pour faire le métier de gladiateurs, ou descendre dans l'arène contre les bêtes féroces (2), ainsi qu'il se pratiquoit chez les Romains. Il s'objecte sans les discuter, le célèbre édit par lequel Constantin autorisa les affranchissemens, et l'usage des chrétiens mentionné dans les écrits des Pères, de donner la liberté à des esclaves, surtout à la fête de Pâques. De toutes parts s'élèvent les cris de l'histoire en faveur de ces affranchissemens, dont on trouve les formules dans Marculfe; et parce que la loi étoit seulement facultative, Capitein en infère la légitimité

---

at the dissolution of the society, by *D. Humphrey*, in-8°, Boston 1804.

(1) I. Cor. VII, 23. *Pretio empti estis, nolite fieri servi hominum.*

(2) P. 27.

de l'esclavage ; assurément c'est forcer la conséquence.

Il s'appuie du témoignage de Busbec, pour établir que l'abrogation de la servitude n'a pas été sans de grands inconvéniens, et que si elle avoit été conservée, on ne verroit pas tant de crimes commis, ni d'échafauds élevés pour contenir des gens qui n'ont rien à perdre (1) : mais l'esclavage infligé comme punition légitime, ne légitime pas l'esclavage des Nègres; et d'ailleurs l'autorité de Busbec n'est rien moins qu'une preuve.

Cette dissertation latine de Capitein, riche en érudition, mais très-pauvre en raisonnemens, traduite en hollandais par Wilhem (2), a été imprimée quatre fois; tout ce qu'on peut induire de plus sensé des paralogismes de ce Nègre, à qui ses compatriotes ne voteront sûrement pas des remercîmens,

––––––––

(1) V. *Epistola turcica*, *Lugduni Batavorum* 1633, p. 160 et 161.

(2) V. Staatkundig-godgeleerd onderzoeksschrift over de slaverny, als niet strydig tegen de christelike vriheid, etc., uit het latyn vertaalt door heer de *Wilhelm*, in-4°, Leiden 1742.

c'est que les peuples et les individus injustement asservis doivent se résigner à leur malheureux sort, quand ils ne peuvent rompre leurs fers.

Gallandat, qui, dans les mémoires de l'académie de Flessingue a publié une instruction sur la traite des esclaves, montre bien peu de jugement en louant l'ouvrage de Capitein (1) sur cet objet.

On a encore de cet Africain un petit volume in-4°, de Sermons en langue hollandaise, prêchés dans différentes villes, et imprimés à Amsterdam en 1742 (2).

WILLIAMS. La notice concernant le poëte nègre, dont on va parler, est tirée en partie de l'*Histoire de la Jamaïque*, par Edouard Long, qu'on ne soupçonnera pas d'être trop

---

(1) *V.* Noodige onderrichtingen voor de slaafhandelaaren, t. I. Verhandelingen vitgegeven door het zeeuwsch genootschap, etc., te Middelburg 1769, p. 425.

(2) *V.* Vit gewrogte predicatien zynde de trowherrige vermaaninge van den apostel der heydenen Paulus, aan zynen zoon Timotheus vit. II. *Timotheus*, II, ỳ. 8; te Muiderberger, den 20 mai 1742,

favorable aux Nègres, car sa prévention contre eux perce, même à travers les éloges que la force de la vérité lui arrache.

Francis Williams naquit à la Jamaïque, vers la fin du dix-septième siècle, ou au commencement du dix-huitième, car il mourut âgé de soixante-dix ans, peu avant la publication de l'ouvrage de Long, qui parut en 1774. Frappé des talens précoces de ce jeune Nègre, le duc de Montagu, gouverneur de l'île, voulut essayer si par une éducation cultivée, il pourroit égaler un Blanc placé dans les mêmes circonstances. Francis Williams, envoyé en Angleterre, commença ses études dans des écoles particulières, d'où il passa à l'Université de Cambridge ; il y fit, sous d'habiles maîtres, des progrès dans les mathématiques.

---

alsmede de voornaamste goederen van de opperste wysheit vit sprenken VIII, vers 18, in twee predicatien in s'Gravenhage, den 27 mai 1742; en t'ouderkerk aan den Amstel, den 6 juny 1742, gedaan door *J. E. J. Capitein*, africaansche Moor, beroepen predikant op d'Elmina, aan het kasteel S. George, in-4°, te Amsterdam.

Pendant son séjour en Europe il publia la ballade qui commence par ce vers :

Welcome, welcome brother debtor.

Cette pièce obtint une telle vogue en Angleterre, que certains hommes, irrités de trouver du mérite dans un Noir, tentèrent, mais sans succès, de lui en disputer la propriété.

Williams étant repassé à la Jamaïque, le duc de Montagu, son protecteur, vouloit lui obtenir une place dans le conseil du gouvernement, qui s'y refusa : Williams ouvrit alors une école où il enseignoit le latin et les mathématiques; il s'étoit préparé un successeur dans un jeune Nègre qui malheureusement tomba en démence. Edouard Long se hâte de citer ce fait, comme preuve démonstrative que les têtes africaines sont incapables de recherches abstruses, tels que les problêmes de la haute géométrie, quoique cependant il accorde aux Nègres créoles plus d'aptitude qu'aux natifs d'Afrique. Assurément si un fait particulier comportoit une induction générale, comme l'exercice des facultés intellectuelles a proportionnément dérangé plus de têtes parmi les savans et les gens de lettres que dans les autres classes de la société, il faudroit en conclure qu'aucune n'est propre aux méditations profondes.

Au reste, Long se réfute lui-même, car, forcé de reconnoître dans Williams du talent pour les mathématiques, il auroit pu, avec autant de justesse, tirer une conclusion absolument contraire.

Il prétend que Williams dédaignoit ses parens, qu'il étoit dur, presque cruel envers ses enfans et ses esclaves. Il affectoit un costume particulier, et portoit une longue perruque, pour donner une haute idée de son savoir; lui-même se définissoit un Blanc sous une peau noire, car il méprisoit les hommes de sa couleur. Il soutenoit d'ailleurs que le Nègre et le Blanc, chacun parfait dans son espèce, étoient supérieurs aux Mulâtres, formés d'un mélange hétérogène. Ce portrait peut être vrai, mais il faut se rappeler qu'il n'est pas tracé par une main amie.

Il paroît que Williams avoit fait beaucoup de pièces en vers latins; il aimoit ce genre de composition, et il étoit dans l'habitude d'en adresser aux nouveaux gouverneurs. Celle qu'il fit pour Haldane est insérée dans Edouard Long, qui l'a critiquée plus que sévérement, quoique lui-même ait cru devoir la traduire, ou plutôt la paraphraser en vers anglais. Williams ayant donné à sa muse l'épithète de *Nigerrima*, l'historien se permet de fades plaisanteries sur cette nouvelle venue dans la famille des neuf sœurs, et l'appelle *Madame Ethiopissa*. Parce qu'il y a trois ou quatre demi-vers de réminiscence ou d'imitation dans la pièce, il reproche à l'auteur comme plagiat, non des idées, mais l'emploi de certaines expressions, attendu qu'on les trouve dans les bons poëtes ; et comme on les trouve également dans les dictionnaires, c'est l'inculper de faire des vers latins avec des mots latins. C'est ainsi que Lauder, si bien réfuté par le savant évêque de Salisbury, Douglas, accusoit Milton d'avoir pillé les modernes.

Edouard Long reproche encore à Williams de flatter bassement le nouveau gouverneur, en le comparant aux héros de l'antiquité. Cette accusation est mieux fondée ; malheureusement elle frappe sur la presque totalité des poëtes. N'ont-ils pas toujours encensé la puissance? N'ont-ils pas adulé un des hommes les plus criminels de Rome, à tel point que le nom de *Mécène* est devenu classique? Si l'on excepte Churchil, Akenside, Pope, Joël Barlow et quelques autres, les poëtes sur cet article sont tous des Waller.

A l'occasion de cette pièce latine, Nickols, indigné contre des colons qui vouloient assimiler les Noirs aux singes, s'écrioit: « Je n'ai jamais ouï dire qu'un Orang-outang » ait *composé des odes* (1). Parmi les défenseurs de l'esclavage, on ne trouveroit » pas, dit-il, la moitié du mérite littéraire » de Phillis-Wheatley et de Francis Williams ». Pour mettre le lecteur à portée d'apprécier les talens de ce dernier, nous joignons ici ce poëme, avec un essai de traduction en prose française:

---

(1) *V.* Letter to the treasurer of the society instituted for the purpose of effecting the abolition of the slave strade from the rev. *Robert Boucher Nickolls*, dean of Middleham, etc., in-8°, London 1788, p. 46.

Au très-intègre et puissant George Haldane, écuyer, gouverneur de la Jamaïque, qui réunit au suprême degré la vertu et la valeur (1).

Enfin nos douleurs s'évanouissent, et l'espérance radieuse entr'ouve un avenir qui promet à ce peuple ranimé, de couler sous l'empire de la loi des jours et des années prospères. Dans le néant sont rentrés, pour ne plus en sortir, des réglemens désavoués par la raison. Toutes les classes de la société te féliciteront

---

(1) Integerrimo et fortissimo viro
Georgio Holdano, armigero,
Insulæ Jamaicensis gubernatori ;
Cui, omnes morum, virtutumque dotes bellicarum,
　　In cumulum accesserunt,

CARMEN.

Denique venturum fatis volventibus annum,
Cuncta per extensum læta videnda diem,
Excussis adsunt curis, sub imagine clarâ
Felices populi, terraque lege virens.
Te duce, quæ fuerant malesuada mente peracta
Irrita conspectu non reditura tuo.
Ergo omnis populus, nec non plebecula cernet

d'avoir brisé le joug suspendu sur leurs têtes, et consolé notre île des tourmens *immérités* dont elle étoit victime. Ils peseroient encore sur elle, si ta valeur ne soutenoit notre existence politique sur le penchant de sa ruine.

L'Ecosse s'applaudit d'avoir enfanté celui dont le génie rend des services si éminens au trône britannique. Héros destiné à fixer le sort chancelant d'une nation, ta mémoire parmi nous durera autant que notre île. La Guadeloupe te contemplera victorieux sur le sol où campoient ses légions dispersées, et l'empire des lys se couvrira de deuil en

---

Hæsurum collo te *relegasse* jugum,
Et mala, quæ diris quondam cruciatibus, insons
Insula passa fuit; condoluisset onus,
Ni vixtrix tua Marte manus prius inclyta, nostris
Sponte ruinosis rebus adesse velit.
Optimus es servus regi servire Britanno,
Dum gaudet genio scotica terra tuo :
Optimus heroum populi fulcire ruinam;
Insula dum superest ipse superstes eris.
Victorem agnoscet te *Guadaloupa*, suorum
Despiciet merito diruta castra ducum.
Aurea vexillis flebit jactantibus *Iris*,

voyant ses étendards s'échapper de ses mains, ses peuples vaincus, ses cités envahies.

Mais Minerve permet-elle à un Ethiopien de chanter les exploits des grands capitaines ? Il en étoit digne cet illustre Buchanan, le coryphée des poëtes de sa patrie, et l'émule de Virgile. Il diroit que Haldane, ce favori de Mars, égale le fils de Pélée dans les conseils et dans les combats.

L'astre du jour précipitant ses coursiers, verse sur notre climat des torrens de feu qui étouffent ma voix ; en agréant les vers que t'adresse un poëte, oublie la teinte de sa peau, pour ne penser qu'à son cœur. Dans des corps diversement configurés, la puissance

---

Cumque suis populis, oppida victa gemet.
Crede, meum non est, vir Marti chare, *Minerva*
Denegat *Æthiopi* bella sonare ducum.
Concilio, caneret te *Buchananus* et armis,
Carmine *Peleidæ*, scriberet ille parem.
Ille poeta, decus patriæ, tua facta referre
Dignior, altisono vixque *Marone* minor.
Flammiferos agitante suos sub sole jugales
Vivimus ; eloquium deficit omne focis.
Hoc demum accipias multâ fuligine fusum
Ore sonaturo ; non cute, corde valet.
Pollenti stabilita manu, Deus almus, eandem

du Créateur a placé des ames homogènes ; et qu'importe la couleur à la probité, à toutes les vertus ?

Sous ta robe rembrunie, Muse, ose pénétrer dans la demeure du César des Indes occidentales, vas lui offrir tes hommages : ta face noire ne peut être pour toi un sujet de honte ; l'intégrité des mœurs, l'éclat des talens et la douce éloquence peuvent orner une figure africaine. Qu'à l'amour de la sagesse il unisse celui de la patrie ; ces qualités, en le discernant du vulgaire de sa caste, acquièrent par le contraste un reflet plus brillant.

Cette île m'a vu naître et croître sous les

Omnigenis animam, nil prohibente dedit.
Ipsa coloris egens virtus, prudentia ; honesto
Nullus inest animo, nullus in arte color.
Cur timeas, quamvis, dubitesve, nigerrima celsam
Cæsaris occidui, scandere musa domum ?
Vade salutatum, nec sit tibi causa pudoris,
Candida quod nigra corpora pelle geris !
Integritas morum *Maurum* magis ornat, et ardor
Ingenii, et docto dulcis in ore decor ;
Hunc, mage cor sapiens, patriæ virtutis amorque,
Eximit è sociis, conspicuumque facit.
Insula me genuit, celebres aluere *Britanni*

auspices de la célèbre Angleterre; cette île, tant que tu vivras, n'aura pas à pleurer la perte d'un père. Puisse, sous tes auspices, la divinité tutélaire de notre contrée la conserver à jamais florissante !

VASSA. Olaudad Equiano, plus connu sous le nom de Gustave Vassa, naquit, en 1754, à Essaka, charmante et fertile vallée à grande distance de la côte et de la capitale du Benin, dont elle est censée faire partie, quoiqu'elle se gouverne d'une manière à peu près indépendante, sous l'autorité de quelques anciens ou chefs, du nombre desquels étoit son père.

A l'âge de onze ans, Vassa fut enlevé avec sa sœur par des voleurs d'enfans, pour être traîné en esclavage; bientôt les barbares lui ravirent encore la consolation de mêler ses larmes à celles de sa sœur; séparé d'elle à jamais il fut jeté dans un bâtiment négrier, et après une traversée dont il raconte les

---

Insula, te salvo non dolitura patre.
Hoc precor ô nullo videant te fine regentem
Florentes populos, terra, deique locus !

horreurs, il fut vendu aux Barbades, et revendu à un lieutenant de vaisseau qui l'amena en Angleterre. Il l'accompagna à Guenersey, au siége de Louisbourg en Canada, par l'amiral Boscaven, en 1758, et au siége de Belle-Ile, en 1761.

Les événemens l'ayant reporté dans le nouveau Monde, une perfidie le remit dans les fers. Vendu à Montserrat, Vassa, jouet de la fortune, tantôt libre, tantôt esclave ou domestique, fit une multitude de voyages dans la plupart des Antilles et sur divers points du continent américain, revint souvent en Europe, visita l'Espagne, le Portugal, l'Italie, la Turquie et le Groenland. Son amour pour la liberté, dont il avoit goûté les prémices dans son enfance, s'irritoit par les obstacles qui l'empêchoient de la recouvrer. Vainement il avoit espéré qu'un zèle soutenu pour le service de ses maîtres lui procureroit cet avantage : la justice eût trouvé là un titre de plus pour briser ses fers; à l'avarice ce fut un motif de plus pour les resserrer. Avec des hommes dévorés de la soif de l'or, il vit qu'il falloit tenter d'autres moyens; dès-lors, s'imposant la plus sévère économie, il commença avec trois *pences* (environ 6 sols), un très-petit commerce qui lui réussit assez pour amasser un pécule modique, malgré les avaries multipliées que lui causa la friponnerie des Blancs. Enfin, en 1781, échappé aux dangers de la mer où plusieurs fois il avoit fait naufrage; échappé aux cruautés de ses maîtres, dont un à Savannah faillit l'assassiner; après trente ans d'une vie errante et orageuse, Vassa, rendu à la liberté, vint se fixer à Londres, s'y maria, et publia ses mémoires (1), réimprimés dans les deux Mondes, et dont la neuvième édition est de 1794. Les témoignages les plus honorables qui l'accompagnent, attestent que lui-même les a rédigés. Cette précaution est utile contre une classe d'individus toujours disposés à calomnier les Nègres, pour atténuer le crime de leurs oppresseurs.

L'ouvrage est écrit avec la naïveté, j'ai presque dit la crudité de caractère d'un

---

(1) The interesting narrative of the life of Olaudah Equiano, or *Gustavus Vassa*, the African, written by himself, 9e édition, in-8°, London 1794, avec le portrait de l'auteur.

homme de la nature; c'est la manière de Daniel de Foë, dans son Robinson Crusoé; c'est celle de Jamerai Duval, qui, de gardien de vaches chez des hermites, devint bibliothécaire de l'empereur François Ier, et dont les mémoires inédits, mais très-dignes de voir le jour, sont entre les mains d'Ameilhon (1).

On s'associe aux mouvemens de surprise que causent à Vassa un tremblement de terre, l'aspect de la neige, une peinture, une montre, un quart de cercle, et à la manière dont il interroge sa raison sur l'usage des instrumens. L'art de la navigation avoit pour lui un charme inexprimable; il y entrevoyoit d'ailleurs un moyen d'échapper un jour à l'esclavage; en conséquence il fit prix avec un capitaine de bâtiment pour lui donner des leçons souvent interrompues et contrariées, mais l'activité et l'intelligence du disciple suppléoient à tout. Le docteur Irvin, qu'il avoit servi, lui avoit enseigné la manière de dessaler l'eau de la mer

---

(1) Les deux volumes publiés de ses œuvres n'en forment que la moindre partie, et la moins intéressante.

par la distillation. Quelque temps après Vassa étant d'une expédition qui avoit pour objet de chercher le passage au Nord, dans un moment de détresse, il fit usage des procédés du docteur, et fournit à l'équipage de l'eau potable.

Quoiqu'enlevé très-jeune de son pays, sa tendresse pour sa famille et sa mémoire lui avoient conservé une riche provision de souvenirs. On lit avec intérêt la description qu'il fait de cette contrée, où la nature féconde prodigue ses bienfaits. L'agriculture est la principale occupation des habitans, qui sont très-laborieux, quoiqu'ils ayent une passion démesurée pour la poésie, la musique et la danse. Vassa se rappelle parfaitement que les médecins du Benin suppléent à la saignée par des ventouses; qu'ils excellent dans l'art de guérir les plaies, et de combattre l'effet des poisons. Il trace un tableau curieux des superstitions, des habitudes de son pays, qu'il compare avec celles des contrées où il a voyagé. Ainsi à Smyrne il retrouve parmi les Grecs les danses usitées dans le Benin; ailleurs il met en parallèle les coutumes des Juifs, et celles de ses compatriotes chez lesquels la circoncision est généralement admise. On y est censé contracter une impureté légale par l'attouchement d'un mort, et les femmes y sont sujettes aux mêmes purifications que chez les Hébreux.

Un effet de l'adversité est souvent de donner plus d'énergie aux sentimens religieux. L'homme abandonné des hommes et malheureux sur la terre, élève ses affections au ciel pour y chercher un consolateur et un père : tel étoit Vassa. Il ne succomba point à la continuité des maux qui pesoient sur lui ; pénétré de la présence du souverain Être, il portoit ses regards au delà des bornes de la vie, vers une région nouvelle.

Long-temps incertain sur le choix d'une religion, il peint avec énergie ses anxiétés, dans un poëme de cent douze vers anglais, qui fait partie de ses Mémoires. Il étoit choqué de voir dans toutes les sociétés chrétiennes, tant de gens dont les actions heurtent directement les principes, qui blasphèment le nom de Dieu, dont ils se prétendent les adorateurs : par exemple, il s'indigne de ce que le roi de Naples et sa cour alloient le dimanche à l'Opéra. Il voyoit des hommes observer, les uns quatre, les autres six ou sept préceptes du décalogue, et il ne concevoit pas qu'on pût être vertueux à moitié. Il ignoroit que, suivant l'expression de Nicole, on ne peut rien conclure de la doctrine à la conduite, ni de la conduite à la doctrine. Baptisé dans l'église anglicane, après avoir flotté dans l'incertitude, il se fit méthodiste; on fut même sur le point de l'envoyer comme missionnaire, en Afrique.

A l'école de l'adversité, Vassa étoit devenu très-sensible aux infortunes des autres, et personne plus que lui ne pouvoit s'appliquer la maxime de Térence. Il déplore le sort des Grecs, traités par les Turcs à peu près comme le sont les Nègres par les colons; il s'attendrit même sur les galériens de Gênes, envers lesquels on outrepassoit les bornes d'une juste punition.

Il avoit vu ses compatriotes africains en proie à tous les supplices que peuvent inventer la cupidité et la rage; il met en contraste cette cruauté et la morale de l'Evangile, ce sont les extrêmes; il propose des vues sur la direction d'un commerce européen avec l'Afrique, qui du moins ne blesseroit pas la justice. En 1789, il présenta au Parlement d'Angleterre une pétition pour la suppression de la traite. Si Vassa vit encore, le bill rendu dernièrement sur cet objet aura consolé son cœur et sa vieillesse. Certes il seroit bien à plaindre celui qui, après avoir lu ses mémoires, n'éprouveroit pas pour l'auteur des sentimens d'affection.

Son fils, versé dans la bibliographie, est devenu sous-bibliothécaire du chevalier Banks, et secrétaire du comité de vaccine.

SANCHO. La mère d'Ignace Sancho, jetée sur un bâtiment négrier, parti de Guinée pour les possessions espagnoles en Amérique, le mit au monde dans la traversée, en 1729; arrivé à Carthagène, il y fut baptisé par l'évêque, sous le nom d'*Ignace*. Le changement de climat conduisit promptement sa mère au tombeau; son père, livré aux horreurs de l'esclavage, se tua dans un moment de désespoir.

Ignace n'avoit pas deux ans, lorsqu'il fut amené en Angleterre par son maître, qui en fit présent à trois demoiselles sœurs, résidantes à Greenwich. Son caractère, qu'on assimiloit à celui de l'écuyer de don Quichotte, lui en fit donner le nom. Le jeune Sancho parvint à se concilier la bienveillance du duc de Montagu, qui résidoit à Black-Heath. Ce lord admiroit en lui une franchise qui n'étoit pas avilie par la servitude, ni altérée par une fausse éducation; il l'appeloit souvent, lui prêtoit des livres, et recommandoit aux trois sœurs de cultiver son esprit; mais près d'elles, Sancho eut lieu d'apprendre que l'ignorance est un des moyens par lesquels on asservit les Africains, et que dans l'opinion des planteurs, instruire les Nègres, c'est les émanciper; souvent elles le menaçoient de le replonger dans l'esclavage. L'amour de la liberté qui fermentoit dans son ame, s'exaltoit encore par l'étude et la méditation; il conçut une passion violente pour une jeune personne, ce qui lui attira des reproches d'un autre genre de la part des trois sœurs; il prit alors le parti de quitter leur maison. Mais le duc, son patron, étoit mort; Sancho, réduit à la misère, employa 5 shellings qui lui restoient, à l'achat d'un vieux pistolet, pour terminer sa vie de la même manière que son père : alors la duchesse, qui d'abord l'avoit mal accueilli, et qui cependant l'estimoit, l'accepta pour être sommelier; il exerça cet emploi jusqu'à la mort de sa patrone. Par son économie et un legs de cette dame, il se trouvoit possesseur de 70 livres sterlings, et de 30 d'annuité.

A la passion de l'étude, il mêla quelque temps celles du théâtre, des femmes et du jeu; il renonça aux cartes à la suite d'une partie où un Juif lui avoit gagné ses habits. Il dépensa son dernier shelling pour aller à Drury-Lane, voir jouer Garrik, dont ensuite il devint ami; puis il voulut se faire acteur dans Othello et Oronoko; mais une articulation défectueuse l'empêchant de réussir dans un état qu'il avoit envisagé comme une ressource contre l'adversité, il entra au service du chapelain de la maison Montagu, et sa conduite, devenue très-régulière, lui mérita la main d'une personne intéressante, née dans les Indes occidentales.

Vers 1773, des attaques de goutte et la modicité de sa fortune l'auroient replongé dans l'indigence, si la générosité de ses protecteurs et son économie ne lui avoient facilité les moyens de faire un commerce honnête. Par son industrie et celle de sa femme, il éleva sa nombreuse famille; l'estime générale fut le prix de ses vertus domestiques. Il mourut le 15 décembre 1780. Après sa mort, on donna au profit de sa famille, en 2 volumes in-8°, une belle édition de ses lettres, qui furent bien reçues. En 1783, elles furent réimprimées, avec la vie et le portrait de l'auteur, peint par Gainsboroug, et gravé par Bartolozzi (1). On y a intercalé quelques articles qu'il avoit publiés dans les journaux.

Jefferson lui reproche de se livrer à son imagination, dont la marche excentrique est, dit-il, semblable à ces météores fugitifs qui sillonnent le firmament. Cependant il lui accorde un style facile, et des tournures heureuses, en avouant que ses écrits respirent les plus douces effusions du sentiment. Imlay déclare qu'il n'a pas eu occasion de les lire, mais que l'erreur de Jefferson, dans ses ju-

---

(1) Letters of the late *Ignatius Sancho*, an African, etc., to which are prefixed memoirs of his life, 2 vol. in-8^d, London 1782.

gemens concernant les Nègres, rend suspect celui qu'il porte de Sancho (1).

Les lettres sont un genre de littérature qui n'est guère susceptible d'analyse, soit à raison de la variété des sujets qu'elles embrassent, soit par la liberté que se donne l'auteur d'en grouper plusieurs dans la même lettre, d'approfondir les uns lorsqu'à peine il effleure les autres, et souvent de s'élancer hors de son sujet, pour finir par des digressions. On lit Mad. de Sévigné; mais personne ne proposa jamais de l'analyser. Assurément on ne peut lui comparer l'auteur africain; mais dans le genre où s'est illustrée Mad. de Sévigné, après elle il est encore des places très-honorables. Le style épistolaire de Sancho approche de celui de Sterne, dont il a les beautés et les défauts, et avec lequel il étoit en relation. Le troisième volume des lettres de Sterne en contient une très-belle à Sancho, où il lui dit que les variétés de la nature dans l'espèce humaine ne rompent pas les liens de consanguinité; il exprime son indignation, de ce que certains

---

(1) V. *Imlay*, p. 215.

hommes veulent ravaler une portion de leurs semblables au rang des brutes, afin de pouvoir impunément les traiter comme tels (1).

Quelquefois Sancho descend au ton trivial; quelquefois s'élevant avec son sujet, il est poétique; mais en général il a la grâce et la légéreté du style épistolaire. Spirituellement badin, lorsqu'entre l'empire tyrannique de la mode à gauche, la santé et le bonheur à droite, il place un homme du monde irrésolu dans son choix.

Grave quand il expose les motifs de la providence, qui a donné au génie la pauvreté pour compagne; pompeux lorsqu'interrogeant la nature, elle lui montre partout les ouvrages et la main du Créateur.

« D'après le plan de la divinité, le com-
» merce, dit-il, doit rendre communes à
» tout le globe les productions de chaque
» contrée, unir les nations par le sentiment
» des besoins réciproques, les liens de l'ami-
» tié fraternelle, et faciliter la diffusion gé-
» nérale des bienfaits de l'Evangile; mais

---

(1) *V.* Letters of the rev. *Lawrence Sterne*, to his intimate friend, etc., 3 vol. in-8°, London 1775.

» ces pauvres Africains, que le ciel a gra-
» tifiés d'un sol riche et *luxuriant* (1), sont
» la portion la plus malheureuse de l'huma-
» nité, par l'horrible trafic des esclaves ; et
» ce sont des chrétiens qui le font ».

On se rappelle la fin tragique du docteur Dodd, condamné à mort pour crime de faux, et dont toute la vie antérieure avoit été un modèle de sagesse. On regrette qu'il ait subi son supplice, quand on a lu la lettre dans laquelle Sancho développe les raisons qui militoient pour lui obtenir sa grâce.

On contesteroit quelques-unes des assertions morales de Sancho, si ses écrits n'offroient d'ailleurs des hommages multipliés à la vertu. Il la fait aimer en peignant les remords de la duchesse de K...., bourrelée par cette conscience qui est, dit-il, le *grand chancelier de l'ame*. « Agissez donc de ma-
» nière à mériter toujours l'approbation de
» votre cœur..... Pour être vraiment brave,
» il faut être vraiment bon..... Nous avons
» la raison pour gouvernail, la religion pour

---

(1) C'est le terme anglais qui dit plus que fertile ; notre langue n'a pas d'équivalent.

» ancre, l'espérance pour étoile polaire, la
» conscience pour moniteur fidèle....., et la
» perspective du bonheur pour récompense ».
Dans la même lettre, repoussant des souvenirs
qui étoient pour sa vertu de nouveaux écueils,
il s'écrie : « Pourquoi me rappeler ces ma-
» tières combustibles, lorsque glissant rapi-
» dement sur la route des années j'approche
» du terme de ma carrière ? N'ai-je pas la
» goutte, six enfans et une épouse ? O raison,
» où es-tu ? Vous voyez qu'il est bien plus
» facile de prêcher que d'agir ; mais nous
» savons discerner le bien du mal, armons-
» nous contre le vice. Dans un camp, le
» général qui compare sa force et la position
» de son ennemi, place ses gardes avancées
» de manière à éviter les surprises. Faisons
» de même dans le cours ordinaire de la vie,
» et croyez-moi, mon ami, une victoire
» gagnée sur la passion, l'immoralité, l'or-
» gueil, mérite plutôt des *Te Deum*, que
» celles qu'on remporte dans les champs de
» l'ambition et du carnage (1) ».

J'invite le lecteur à ne pas se borner aux

---

(1) *Passim*, t. I, lettre 7.

extraits qu'on vient de lire, ils ne peuvent faire connoître l'auteur que d'une manière imparfaite; plus est imposante et respectable l'autorité de Jefferson, plus il importe de combattre son jugement, beaucoup trop sévère, et de ne pas dérober à Sancho l'estime qui lui est due.

PHILLIS-WHEATLEY. Cette Négresse, volée en Afrique à l'âge de sept ou huit ans, fut transportée en Amérique, et vendue, en 1761, à John Wheatley, riche négociant de Boston; des mœurs aimables, une sensibilité exquise et des talens précoces la firent chérir dans cette famille à tel point qu'on la dispensa, non-seulement des travaux pénibles réservés aux exclaves, mais encore des soins du ménage. Passionnée pour la lecture, et spécialement pour celle de la Bible, elle apprit rapidement le latin. En 1772, à dix-neuf ans, Phillis Wheatley publia un petit volume de poésies qui renferme trente-neuf pièces; elles ont eu plusieurs éditions en Angleterre et aux Etats-Unis; et pour ôter tout prétexte à la malveillance de dire qu'elle n'en étoit que le prête-nom, l'authenticité en fut constatée à la tête de ses œuvres, par une déclaration de son maître, du gouverneur, du lieutenant-gouverneur, et de quinze autres personnes respectables de Boston, qui la connoissoient.

Son maître l'affranchit en 1775. Deux ans plus tard, elle épousa un homme de sa couleur, qui étoit aussi un phénomène par la supériorité de son entendement sur celui de beaucoup de Nègres; aussi ne fut-on pas étonné de voir son mari, marchand épicier, devenir avocat sous le nom du docteur Peter, et plaider devant les tribunaux les causes des Noirs. La réputation dont il jouissoit le conduisit à la fortune.

La sensible Phillis, qui avoit été élevée, suivant l'expression triviale, en enfant gâté, n'entendoit rien à gouverner un ménage, et son mari vouloit qu'elle s'en occupât; il commença par des reproches, auxquels succédèrent de mauvais traitemens, dont la continuité affligea tellement son épouse, qu'elle périt de chagrin en 1787. Peter, dont elle avoit eu un enfant, mort très-jeune, ne lui survécut que trois ans (1).

---

(1) Lettre de M. *Giraud*, consul de France à

Jefferson, qui semble n'accorder qu'à regret des talens aux Nègres, même à Phillis Wheatley, prétend que les héros de la *Dunciade* sont des divinités comparativement à cette muse africaine (1). Si l'on vouloit chicaner, on diroit qu'à une assertion, il suffit d'opposer une assertion contraire; on interjetteroit appel au jugement du public, qui s'est manifesté en accueillant d'une manière distinguée les poésies de Phillis Wheatley. Mais une réfutation plus directe, c'est d'en extraire quelques morceaux qui donneront une idée de ses talens.

C'est sans doute la lecture d'Horace qui lui a suggéré de débuter, comme lui, par une pièce à Mécène (2) dont les poëtes payèrent la protection par des flatteries. Leur bassesse fit oublier la sienne, comme Auguste, par l'emploi des mêmes moyens, fit oublier les horreurs du triumvirat.

Boston, du 8 octobre 1805 : il a connu le docteur *Peter*.

(1) *V*. Notes on Virginia, etc.

(2) *V*. Poems on varions subjects religions and moral, by *Phillis Wheatley*, negro servant, etc., in-8°, London 1773; et in-12, Walpole 1802.

Cette pièce n'est pas sans mérite, mais hâtons-nous d'arriver à des sujets plus dignes de la poésie.

Ceux qu'elle traite sont presque tous religieux ou moraux; presque tous respirent une mélancolie sentimentale : il y en a douze sur la mort de personnes qui lui étoient chères. On distinguera ses hymnes sur les œuvres de la providence, la vertu, l'humanité; l'ode à Neptune; les vers à un jeune peintre de sa couleur, en voyant ses tableaux. On se doute bien qu'elle exhale sa douleur sur les infortunes de ses compatriotes.

J'insère ici trois de ses pièces. Le lecteur voudra bien se rappeler qu'en jugeant les productions d'une Négresse esclave, âgée de dix-neuf ans, l'indulgence est un acte de justice; d'ailleurs, la traduction n'est peut-être qu'une mauvaise copie d'un bon original.

Sur la mort d'un enfant (1).

LE plaisir couronné de fleurs ne vient plus embellir nos momens ; l'espérance n'ouvre plus l'avenir pour nous caresser par des illusions enchanteresses; nous ne verrons plus ce visage enfantin sur lequel les Grâces avoient profusément répandu leurs faveurs : de tous les yeux s'échappent des larmes ; les gémissemens sont l'écho des gémissemens, les sanglots répondent aux sanglots.

Inexorable mort, la maladie, ta messagère, en lui décochant le trait fatal, a percé

---

(1) *On the death of J. C. an infant.*

No more the flo'wry scenes of pleasure rise,
Nor charming prospects greet the mental eyes,
No more with joy we view that lovely face
Smiling, disportive, flush'd with ev'ry grace.

The tear of sorrow flows from ev'ry eye,
Groans answer groans, and sighs to sighs reply ;
What sudden pangs shot thro' each aching heart,
When, *Death*, thy messenger dispatch'd his dart ?
Thy dread attendants, all destroying *Pow'r*,

tous les cœurs, et les a inondés d'amertumes; ton pouvoir irrésistible a précipité son heure dernière. Quoi! sans être émue, tu fermes ses yeux rayonnans : sa beauté naïve, sa tendre innocence n'ont pu suspendre tes coups, ni fléchir ta rigueur. Un crêpe funèbre couvre celui qui naguère nous charmoit par son sourire gracieux, par la gentillesse de ses mouvemens.

« Où s'est enfui mon bien-aimé James,
» (s'écrie le père)? Quand son ame voltige
» dans les airs, anges consolateurs, indiquez-
» moi le lieu de son passage ».

Hurried the infant to his mortal hour.
Could'st thou unpitying close those radiant eyes?
Or fail'd his artless beauties to surprize?
Could not his innocence thy stroke controul,
Thy purpose shake, and soften all thy soul?

The blooming babe, with shades of *Death* o'erspread,
No more shall smile, no more shall raise its head;
But like a branch that from the tree is torn,
Falls prostrate, wither'd, languid, and forlorn.
« Where flies my *James* » 'tis thus I seem to hear
The parent ask, « Some angel tell me where
» He wings his passage thro' the yielding air »?

Il me semble qu'alors du haut de l'empyrée, s'incline un chérubin à la face sereine, qui lui répond : « Ton fils habite la région » céleste, essuie tes pleurs, et prépare-toi » à le suivre ». Que cet espoir amortisse tes douleurs, et change tes complaintes en cris d'alégresse. Sur l'aîle de la foi élève ton ame à la voûte du firmament, où mêlant sa voix à la voix des purs esprits, cet enfant fait retentir les cieux de concerts inspirés par le bonheur. Cesse d'accuser le régulateur des Mondes ; interdis à ton ame des

---

Methinks a cherub bending from the skies
Observes the question and serene replies,
« In heav'n's high palaces your babe appears :
» Prepare to meet him, and dismiss your tears ».
Shall not th' intelligence your grief restrain,
And turn the mournful to the chearful strain?
Cease your complaints, suspend each rising sigh,
Cease to accuse the Ruler of the sky.
Parents, no more indulge the falling tear :
Let *Faith* to heav'n's refulgent domes repair,
There see your infant like a seraph glow ;
What charms celestial in his numbers flow
Melodious, while the soul-enchanting strain
Dwells on his tongue, and fills th' etherial plain?
Enough—forever cease your murm'ring breath ;

murmures désormais coupables ; converse avec la mort comme avec une amie, puisqu'elle l'a conduit au port de la félicité ; résigne-toi avec joie à l'ordre de Dieu, il reprend un trésor que tu croyois ta propriété, et dont tu n'étois que le dépositaire. A ton tribunal oserois-tu citer la sagesse éternelle ?

Not as a foe, but friend, converse with *Death*,
Since to the port of happiness unknown
He brought that treasure which you call your own.
The gift of heav'n intrusted to your hand
Chearful resign at the divine command ;
Not at your bar must sov'reign *Wisdom* stand.

Hymne du matin (1).

SECONDEZ mes efforts, montez ma lyre, inspirez mes chants, nymphes révérées du Permesse. Répandez sur mes vers une douceur ravissante, je célèbre l'Aurore.

Salut brillante avant-courrière du jour; une décoration majestueuse et nuancée de mille couleurs annonce ta marche sous la voûte éthérée; la lumière s'éveille, ses rayons s'emparent de l'espace; le zéphir folâtre sur les feuillages; la race volatile lance ses regards perçans, agite ses aîles émaillées, et recommence ses harmonieux concerts.

---

(1) *An hymn to the morning.*

ATTEND my lays, ye ever honour'd nine,
Assist my labours, and my strains refine;
In smoothest numbers pour the notes along,
For bright *Aurora* now demands my song.

Aurora, hail, and all the thousand dies,
Which deck thy progress through the vaulted skies:
The morn awakes, and wide extends her rays,
On ev'ry leaf the gentle zephyr plays;
Harmonious lays the feather'd race resume,
Dart the bright eye, and shake the painted plume.

Verdoyans bocages, déployez vos rameaux, prêtez au *poëte* vos ombrages solitaires pour le protéger contre les ardeurs du soleil. Calliope, fais résonner ta lyre, tandis que tes aimables sœurs attisent le feu du génie. Les dômes de verdure, les vents frais, le spectacle bigarré des cieux font affluer tous les plaisirs dans mon ame. De l'Orient s'avance avec pompe le dominateur du jour, à son éclat les ombres s'enfuient; mais déjà ses feux embrasent l'horizon, étouffent ma voix, et mes chants avortés se terminent forcément au début.

Ye shady groves, your verdant gloom display
To shield your poet from the burning day:
Calliope, awake the sacred lyre,
While thy fair sisters fan the pleasing fire:
The bow'rs, the gales, the variegated skies
In all their pleasures in my bosom rise.

See in the east th' illustrious king of day!
His rising radiance drives the shades away —
But Oh! I feel his fervid beams too strong,
And scarce begun, concludes th' abortive song.

Au comte de Dartmouth (1).

SALUT heureux jour, où, brillante comme l'aurore, la liberté sourit à la nouvelle Angleterre..... Long-temps exilée des régions boréales, elle revient embellir nos climats. A l'aspect de la déesse si long-temps désirée, l'esprit de factions est terrassé, il expire. Tel, effrayé par la splendeur du jour, le hibou s'enfuit dans les antres solitaires, pour y retrouver la nuit.

Amérique, ils seront enfin réparés ces torts, ils seront expiés ces outrages, l'objet

---

(1) *To the right honorable* WILLIAM, *earl of* DARTMOUTH, *his majesty's principal secretary of state for north America, etc.*

 HAIL, happy day, when, smiling like the morn,
Fair *Freedom* rose *New-England* to adorn :
Long lost to realms beneath the northern skies
She shines supreme, while hated *faction* dies.
Soon as appear'd the *Goddess* long desir'd
Sick at the view, she languish'd and expir'd :
Thus from the splendors of the morning light
The owl in sadness seeks the caves of night.

 No more, *America*, in mournful strain
Of wrongs, and grievance unredress'd complain,

de tes lugubres doléances. Ne redoute plus les chaînes forgées par la main de l'insolente tyrannie, qui se promettoit d'asservir cette contrée.

En lisant ces vers, Mylord, vous demanderez avec surprise d'où me vient cet amour de la liberté? à quelle source j'ai puisé cette passion du bien général, apanage exclusif des ames sensibles?

Hélas! au printemps de ma vie un destin cruel m'arracha des lieux fortunés qui m'avoient vu naître. Quelles douleurs, quelles angoisses auront torturé les auteurs de mes jours! Il étoit inaccessible à la pitié, il avoit

---

No longer shalt thou dread the iron chain,
Which wanton *Tyranny* with lawless hand
Had made and with it meant t' enslave the land.

Should you, my lord, while you peruse my song,
Wonder from whence my love of *Freedom* sprung,
Whence flow the wishes for the common good,
By feeling hearts alone best understood,
I, young in life, by seeming cruel fate
Was snatch'd from *Afric's* fancy'd happy seat:
What pangs excruciating must molest,
What sorrows labor in my parents' breast?

une ame de fer le barbare qui ravit à un père son enfant chéri. Victime d'une telle férocité, pourrois-je ne pas supplier le ciel de soustraire tous les êtres aux caprices des tyrans, etc., etc.

Steel'd was that soul, and by no misery mov'd,
That from a father seiz'd his babe belov'd:
Such, such my case. And can I then but pray
Others may never feel tyrannic sway? etc., etc.

CHAPITRE

CHAPITRE IX.

Conclusion.

De tous les pays lettrés, je doute qu'il y en ait un où l'on soit aussi étranger qu'en France à tout ce qui s'appelle littérature étrangère. Seroit-on surpris dès-lors que pas un des auteurs nègres ne fût mentionné dans nos dictionnaires historiques, qui d'ailleurs ne sont guère que des spéculations financières? Ils contiennent les fastidieuses nomenclatures de pièces de théâtre oubliées, et de romans éphémères. Cartouche y a trouvé une place, et ils gardent le silence sur Raikes, fondateur des *Sunday-schools*, ou *Écoles du dimanche*; sur William Hawes, fondateur de la *Société humaine*, pour soigner les individus frappés de mort apparente; sur des hommes tels que Hartlib, Maitland,

Long, Thomas Coram, Hanway, Fletcher
de Saltoun, Ericus Walter, Wagenaar,
Buckelts, Meeuwis-Pakker, Valentyn,
Eguyara, François Solis, Mineo, Chia-
rizi, Tubero, Jérusalem, Finnus Johan-
naeus, etc., etc., etc. On n'y trouve pas
Suhm, le Puffendorf du dernier siècle ; pas
même un grand nombre d'écrivains nationaux qui devoient y figurer, Persini, Blaru,
Jehan de Brie, Jean des Lois, de Clieux, et
ce bon quaker Benezet, né à Saint-Quentin,
l'ami de tous les hommes, le défenseur de tous
ceux qui souffroient, qui toute sa vie com-
battit l'esclavage par la raison, la religion
et l'exemple. Il établit à Philadelphie une
école pour les enfans noirs, qu'il enseignoit
lui-même. Dans les intervalles que lui lais-
soit cette fonction, il alloit chercher des
malheureux à soulager. A ses funérailles,
honorées d'un concours très-solennel, un colonel américain, qui avoit servi comme ingénieur dans la guerre de la liberté, s'écria:
J'aimerois mieux être Benezet dans ce cercueil, que George Washington avec toute sa
célébrité : c'est une exagération sans doute,
mais elle est flatteuse. En parlant de Bene-

zet, Yvan-Raiz, voyageur russe, disoit : Les académies d'Europe retentissent d'éloges décernés à des noms illustres, et Benezet n'est pas sur leurs listes. A qui donc réservent-elles des couronnes (1)? Ce Français qui excita si puissamment l'admiration des étrangers n'est pas même connu en France ; il n'a pas trouvé la moindre place chez nos entrepreneurs de dictionnaires ; mais Benjamin Rush, et une foule d'Anglais et d'Américains ont réparé cette omission.

Des hommes qui ne consultent que leur bon sens, et qui n'ont pas suivi les discussions relatives aux colonies, douteront peut-être qu'on ait pu ravaler les Nègres au rang des brutes, et mettre en problème leur capacité intellectuelle et morale. Cependant cette doctrine, aussi absurde qu'abominable, est insinuée ou professée dans une foule d'écrits. Sans contredit les Nègres, en général, joignent à l'ignorance des préjugés ridicules, des vices grossiers, surtout les vices inhérens aux esclaves de toute espèce, de toute

---

(1) *V.* The american Museum, in-8°, t. IV, Philadelphie 1788, p. 161 ; et t. IX, 1791, p. 192 et suiv.

couleur. Français, Anglais, Hollandais, que seriez-vous, si vous aviez été placés dans les mêmes circonstances ? Je maintiens que parmi les erreurs les plus stupides, et les crimes les plus hideux, il n'en est pas un que vous ayez droit de leur reprocher.

Long-temps en Europe, sous des formes variées, les Blancs ont fait la traite des Blancs ; peut-on caractériser autrement la *presse* en Angleterre, la conduite des *vendeurs d'ames* en Hollande, celle des princes allemands qui vendoient leurs régimens pour les colonies ? Mais si jamais les Nègres, brisant leurs fers, venoient (ce qu'à Dieu ne plaise), sur les côtes européennes, arracher des Blancs des deux sexes à leurs familles, les enchaîner, les conduire en Afrique, les marquer d'un fer rouge ; si ces Blancs volés, vendus, achetés par le crime, placés sous la surveillance de géreurs impitoyables, étoient sans relâche forcés, à coups de fouet, au travail, sous un climat funeste à leur santé, où ils n'auroient d'autre consolation à la fin de chaque jour que d'avoir fait un pas de plus vers le tombeau, d'autre perspective que de souffrir et de mourir dans les angoisses du désespoir ; si, voués à la misère, à l'ignominie, ils étoient exclus de tous les avantages de la société ; s'ils étoient déclarés légalement incapables de toute action juridique, et si leur témoignage n'étoit pas même admis contre la classe noire ; si, comme les esclaves de Batavia, ces Blancs, esclaves à leur tour, n'avoient pas la permission de porter des chaussures ; si, repoussés même des trottoirs, ils étoient réduits à se confondre avec les animaux au milieu des rues ; si l'on s'abonnoit pour les fouetter en masse, et pour enduire de poivre et de sel leurs dos ensanglantés, afin de prévenir la gangrène ; si en les tuant on en étoit quitte pour une somme modique, comme aux Barbades et à Surinam ; si l'on mettoit à prix la tête de ceux qui se seroient, par la fuite, soustraits à l'esclavage ; si contre les fuyards on dirigeoit des meutes de chiens formés tout exprès au carnage ; si blasphémant la divinité, les Noirs prétendoient, par l'organe de leurs Marabouts, faire intervenir le ciel pour prêcher aux Blancs l'obéissance passive et la résignation ; si des pamphlétaires cupides et gagés discréditoient la liberté, en disant qu'elle n'est qu'une *abstraction* (actuellement telle est la mode chez une nation qui n'a que des modes); s'ils imprimoient que l'on exerce contre les Blancs *révoltés, rebelles*, de justes représailles, et que d'ailleurs les esclaves blancs sont heureux, plus heureux que les paysans au sein de l'Afrique; en un mot, si tous les prestiges de la ruse et de la calomnie, toute l'énergie de la force, toutes les fureurs de l'avarice, toutes les inventions de la férocité étoient dirigées contre vous par une coalition d'êtres à figure humaine, aux yeux desquels la justice n'est rien, parce que l'argent est tout; quels cris d'horreur retentiroient dans nos contrées ! Pour l'exprimer, on demanderoit à notre langue de nouvelles épithètes; une foule d'écrivains s'épuiseroient en doléances éloquentes, pourvu toutefois que n'ayant rien à craindre, il y eût pour eux quelque chose à gagner.

Européens, prenez l'inverse de cette hypothèse, et voyez ce que vous êtes.

Depuis trois siècles, les tigres et les panthères sont moins redoutables que vous pour l'Afrique. Depuis trois siècles, l'Europe, qui se dit chrétienne et civilisée, torture sans pitié, sans relâche, en Amérique et en Afrique, des peuples qu'elle appelle sauvages et barbares. Elle a porté chez eux la crapule, la désolation et l'oubli de tous les sentimens de la nature, pour se procurer de l'indigo, du sucre, du café. L'Afrique ne respire pas même quand les potentats sont aux prises pour se déchirer; non, je le répète, il n'est pas un vice, pas un genre de scélératesse dont l'Europe ne soit coupable envers les Nègres, et dont elle ne leur ait donné l'exemple. Dieu vengeur, suspens ta foudre, épuise ta miséricorde en lui donnant le temps et le courage de réparer, s'il est possible, ses scandales et ses atrocités.

Je m'étois imposé le devoir de prouver que les Nègres sont capables de vertus et de talens; je l'ai établi par le raisonnement, plus encore par les faits; ces faits n'annoncent pas des découvertes sublimes; ces ouvrages ne sont pas des chefs-d'œuvres; mais ils sont des argumens sans réplique contre les détracteurs des Nègres. Je ne dirai pas avec Helvétius que chacun en naissant apporte d'égales dispositions, et que l'homme n'est que le produit de son éducation; mais cette assertion, fausse dans sa généralité, est vraie à bien des égards. Un concours d'heureuses circonstances développa le génie de Copernic, de Galilée, de Leibnitz et de Newton; des circonstances fâcheuses ont peut-être empêché d'éclore des génies qui les auroient surpassés; chaque pays a sa Béotie, mais en général on peut dire que le vice et la vertu, l'esprit et la sottise, le génie et l'ineptie appartiennent à toute sorte de contrées, de nations, de crânes et de couleurs.

Pour comparer des peuples, il faut les placer dans les mêmes conjonctures; et quelle parité peut s'établir entre les Blancs, éclairés des lumières du christianisme qui mène presque toutes les autres à sa suite, enrichis des découvertes, entourés de l'instruction de tous les siècles, stimulés par tous les moyens d'encouragement; et d'autre part, les Noirs privés de tous ces avantages, voués à l'oppression, à la misère? Si aucun d'eux n'avoit fait preuve de talens, on n'auroit pas lieu d'en être surpris; ce qu'il y a vraiment d'étonnant, c'est qu'un si grand nombre en ayent manifesté. Que seroient-ils donc si, rendus à toute la dignité d'hommes libres, ils occupoient le rang que la nature leur assigne, et que la tyrannie leur refuse?

Souvent en politique les révolutions brusques, à raison des désastres qu'elles entraînent, peuvent s'assimiler aux grandes convulsions de la nature. De la part des planteurs, c'est encore une nouvelle imposture d'avoir confondu la question de l'émancipation avec celle de la traite, d'avoir débité que les amis des Noirs vouloient un affranchissement subit et général. Ils opinoient pour une marche progressive qui opéreroit le bien sans secousse; tel étoit l'avis de l'auteur de cet ouvrage, lorsque dans un écrit adressé aux Nègres et Mulâtres libres, et qui lui a valu tant d'injures, il annonçoit (et il l'annonce encore), qu'un jour sur les rivages des Antilles, le soleil n'éclairera plus que des hommes libres, et que les rayons de l'astre qui répand la lumière ne tomberont plus sur des fers et des esclaves (1); mais les planteurs français ont repoussé avec acharnement tous les décrets par lesquels

---

(1) *V.* Lettre aux citoyens de couleur et Nègres libres, in-8°, Paris 1791, p. 12.

l'assemblée constituante vouloit *graduellement* amener des réformes salutaires; leur orgueil a perdu pour eux les colonies du *nouveau Monde*, qui ne fleuriront jamais, dit Le Genty, que sous les auspices de la liberté personnelle; le trafic révoltant que l'homme ose y faire de son semblable, ne les conduira jamais à une prospérité constante.....

Ce continent américain, asile de la liberté, s'achemine vers un ordre de choses qui sera commun aux Antilles, et dont toutes les puisances combinées ne pourront arrêter le cours. Les Nègres réintégrés dans leurs droits, par la marche irrésistible des événemens, seront dispensés de toute reconnoissance envers ces colons, auxquels il eût été également facile et utile de s'en faire aimer.

Le travail à la tâche, dont on reconnoît déjà l'utilité au Brésil et à Bahamas, l'introduction de la charrue pour les cultures à la Jamaïque, justifiée par des succès (1),

___
(1) V. *Dallas*, t. I, p. 4. *Barré-Saint-Venant* propose également l'introduction de la charrue dans nos colonies.

suffiroient pour renverser ou modifier le système colonial. Cette révolution aura un mouvement accéléré, lorsque l'industrie et la politique, connoissant mieux leurs rapports mutuels, appelleront autour d'elles, dans les colonies, les pompes à feu, et tous les moyens mécaniques à l'aide desquels on abrège le travail, on facilite les manipulations; lorsqu'une nation énergique et puissante, à laquelle tout présage de hautes destinées, étendant ses bras sur les deux Océans Atlantique et Pacifique, élancera ses vaisseaux de l'un à l'autre, par une route abrégée, soit en coupant l'isthme de Panama, soit en formant un canal de communication, comme on l'a proposé, par la rivière Saint-Jean et le lac de Nicaragua; elle changera la face du monde commercial, et la face des empires. Qui sait si l'Amérique ne se vengera pas alors des outrages qu'elle a reçus, et si notre vieille Europe, placée dans un rang de puissance subalterne, ne deviendra pas une colonie du nouveau Monde?

Il n'y a d'utile et de durable que ce qui est juste; aucune loi émanée de la nature ne place un homme dans la dépendance d'un autre, et toutes les loix que la raison désavoue, sont par là même frappées de nullité. Chacun apporte, en naissant, son titre à la liberté (1); les conventions sociales en ont circonscrit l'usage; mais la limite doit être la même pour tous les membres de la cité, quelles que soient leur origine, leur couleur, leur religion. Si vous avez droit de rendre un autre homme esclave, disoit *Price*, il a droit de vous rendre esclave; et si l'on n'a pas droit de le vendre, personne n'a le droit de l'acheter.

Puissent les nations européennes expier enfin leurs crimes envers les Africains! Puissent les Africains, relevant leurs fronts humiliés, donner l'essor à toutes leurs facultés, ne rivaliser avec les Blancs qu'en talens et en vertus, oublier les forfaits de leurs persécuteurs, ne s'en venger que par des bienfaits, et dans les effusions de la tendresse fraternelle, goûter enfin la liberté et le bonheur! Dût-on ici bas n'avoir que rêvé ces avantages pour soi-même, il est du moins

---

(1) *Le Genty*.

consolant d'emporter au tombeau la certitude, qu'on a travaillé de toutes ses forces à les procurer aux autres.

P. S. Deux hommes de lettres très-distingués par leurs talens et leurs ouvrages, l'un Helvétien, et l'autre Américain, ont fait sur le manuscrit original de cet ouvrage des traductions allemande et anglaise, qui paroîtront incessamment, en Allemagne et dans les Etats-Unis d'Amérique.

F I N.

TABLE
DES CHAPITRES
CONTENUS DANS CE VOLUME.

Dédicace aux amis des Noirs. Pag. v

CHAPITRE Ier. *Ce qu'on entend par le mot Nègres. Sous cette dénomination doit-on comprendre tous les Noirs ? Disparité d'opinion sur leur origine. Unité du type primitif de la race humaine.* 1

CHAPITRE II. *Opinions relatives à l'infériorité morale des Nègres. Discussion sur cet objet. Obstacles qu'oppose l'esclavage au développement de leurs facultés. Ces obstacles combattus par la religion chrétienne. Évêques et prêtres nègres.* 35

CHAPITRE III. *Qualités morales des Nègres. Amour du travail, courage, bravoure, tendresse paternelle et filiale, générosité, etc.* 88

CHAPITRE IV. *Continuation du même sujet.* Pag. 107

CHAPITRE V. *Notice biographique du Nègre Angelo Solimann.* 130

CHAPITRE VI. *Talens des Nègres pour les arts et métiers. Sociétés politiques organisées par les Nègres.* 146

CHAPITRE VII. *Littérature des Nègres.* 176

CHAPITRE VIII. *Notices de Nègres et Mulâtres distingués par leurs talens et leurs ouvrages. Annibal, Amo, la Cruz-Bagay, Lislet-Geoffroy, Derham, Fuller, Bannaker, Othello, Cugoano, Capitein, Williams, Vassa, Sancho, Phillis-Wheatley.* 197

CHAPITRE IX. *Conclusion.* 273

FIN DE LA TABLE DES CHAPITRES.

ERRATA.

Page 40, *ligne* 3, les; *lisez*, des.
     43   4, seul; *lisez*, seule.
     68   20, *effacez* sans doute.
     91   14, Martique; *lisez*, Martinique.
    108   13, Chanvalin; *lisez*, Chanvalon.
    168   2, Hauway; *lisez*, Hanway.
    245   3, sous tes auspices, *lisez*, sous ton gou‑
                    vernement.

Dépôt légal : 4ème trimestre 1972

www.ingramcontent.com/pod-product-compliance
Lightning Source LLC
Chambersburg PA
CBHW071137160426
43196CB00011B/1928